谯欣怡 著

"供给侧改革"视域下的中等职业教育个人需求问题研究

——以广西壮族自治区为例

图书在版编目（CIP）数据

"供给侧改革"视域下的中等职业教育个人需求问题研究：以广西壮族自治区为例/谯欣怡著.—北京：知识产权出版社，2019.5
ISBN 978-7-5130-6155-1

Ⅰ.①供… Ⅱ.①谯… Ⅲ.①中等专业教育–需求理论–研究–广西 Ⅳ.①G719.2

中国版本图书馆CIP数据核字（2019）第044115号

内容提要

本书以广西壮族自治区为例，按照新供给经济学的分析框架，从中等职业教育的"供给侧"出发，最终解决中等职业教育个人需求问题。首先从历史的角度梳理了中等职业教育个人需求的演变历程，同时也呈现了目前中等职业教育个人需求的状况；然后，分析了供给方式和供给质量对中等职业教育个人需求的影响；最后，依据研究结论和借鉴发达国家发展中等职业教育的经验，从"供给侧"的角度提出了增强中等职业教育个人需求的建议。

责任编辑：李小娟　　　　责任印制：孙婷婷

"供给侧改革"视域下的中等职业教育个人需求问题研究
——以广西壮族自治区为例

谯欣怡　著

出版发行：知识产权出版社 有限责任公司	网　址：http://www.ipph.cn
电　话：010-82004826	http://www.Laichushu.com
社　址：北京市海淀区气象路50号院	邮　编：100081
责编电话：010-82000860转8531	责编邮箱：lixiaojuan@cnipr.com
发行电话：010-82000860转8101	发行传真：010-82000893
印　刷：北京九州迅驰传媒文化有限公司	经　销：各大网上书店、新华书店及相关专业书店
开　本：720mm×1000mm　1/16	印　张：13.5
版　次：2019年5月第1版	印　次：2019年5月第1次印刷
字　数：190千字	定　价：69.00元
ISBN 978-7-5130-6155-1	

出版权专有　侵权必究
如有印装质量问题，本社负责调换。

前　言

　　21世纪以来，职业教育受到了国家和社会的高度重视，政府决策部门和学者们都一致认为我国应大力发展职业教育，培养技术人才，以促进我国经济发展。但在中等职业教育领域，仍然面临个人需求不足的困境。回顾中等职业教育个人需求的演变历程，它曾经有过人人争抢的黄金期，也有过无人问津的衰退期。为此，我国政府采取了一系列促进中等职业教育发展的措施，如规定高中阶段普通高中教育和中等职业教育招生规模大致相当；中等职业教育实行免学费政策等。这些改革措施为增强中等职业教育个人需求起到了一定的促进作用，但从2011~2014年的招生情况来看，中等职业教育又一次面临需求下滑的趋势。

　　2015年11月，习近平主席提出了"供给侧结构性改革"，强调中国经济增长的新动力应从"需求侧"向"供给侧"转变，也就是要在适度扩大总需求的同时，着力加强供给侧结构性改革，着力提高供给体系质量和效率，增强经济持续增长动力。这为我国经济发展指明了新的方向，即我国经济发展应从"供给侧"发力。然而，供给侧改革不仅是经济领域的事，也是教育领域的事——教育领域不能置身事外。本书正是在"供给侧"改革的背景下，依据新供给经济学的分析框架，转变以往从"需求侧"的视角探讨其需求问题，而是从"供给侧"的视角分析中职教育个人需求问题。

　　依据上述逻辑思路，本书以广西壮族自治区为例，按照新供给经济学的分析框架，从中等职业教育的"供给侧"出发，最终解决中等职业教育个人需求问题。首先，从历史的角度梳理了中等职业教育个人需求的演变历程，同时也呈现了目前中等职业教育个人需求的状况；然后，分析了供给方式和供给质量

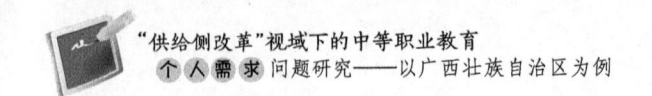

对中等职业教育个人需求的影响；最后，依据研究结论和借鉴发达国家发展中等职业教育的经验，从"供给侧"的角度提出了增强中等职业教育个人需求的建议。

基于上述分析，本书得出的结论是：①当前中等职业教育需求处于下滑趋势，并且中等职业教育规模与普通高中教育规模失衡。②民办中等职业学校不断萎缩，发展缓慢。③学生对中等职业教育的需求意愿在进入中等职业学校前后有很大变化，并且学习成绩对学生需求意愿的影响起关键作用。经济条件不再是影响学生选择职业学校的主要因素，而学校的就业保证对学生职业教育的选择正逐渐成为最主要的影响因素。④中等职业教育的三种供给方式各有优劣，政府应是中等职业教育的供给主体；企业是中等职业教育供给的有力补充，应主要举办具有特色的学校；职教集团是中等职业教育未来发展的趋势，政府应大力支持和倡导职教集团的发展。⑤中等职业教育供给的质量与学生的需求存在差异。根据两者的差异，学校急需提高的项目应是高需求度、低满意度项目；学校继续维持的优势项目应是高需求度、高满意度的项目；学校尽力改善的服务项目应是中等满意度、中等需求度的项目；学校暂缓改进的服务项目应是低需求度、高满意度的项目和低需求度、低满意度的项目。

依据研究结论和借鉴发达国家发展中等职业教育的有益经验，从"供给侧"的视角，本书对政府、企业和职业学校提出了增强中等职业教育个人选择的建议。①政府应加强顶层设计，探索多样化的中等职业教育供给；②企业应积极参与办学，履行中等职业教育供给的社会责任；③中等职业学校应不断提高供给质量，满足学生对中等职业教育的需求。

目录 CONTENTS

绪　论 ··· 1
　　一、研究背景和问题的提出 ··· 1
　　二、研究目的与意义 ··· 6
　　三、核心概念界定 ··· 8
　　四、文献综述 ·· 14
　　五、研究方法 ·· 36
　　六、研究思路及结构安排 ·· 38

第一章　中等职业教育需求问题的理论基础 ····························· 41
　　一、新供给经济学 ·· 41
　　二、公共产品理论 ·· 52
　　三、本章小结 ·· 63

第二章　中等职业教育需求的演变历程与现状分析 ······················ 65
　　一、中等职业教育需求的演变历程 ······································ 65
　　二、中等职业教育需求的比较分析 ······································ 72
　　三、广西地区中等职业教育需求的现状分析 ······························ 84
　　四、本章小结 ·· 99

第三章　供给方式对中等职业教育需求的影响 ·························· 101
　　一、中等职业教育的供给方式 ··· 101
　　二、中等职业教育供给方式的典型案例分析 ····························· 116

  三、中等职业教育供给方式的比较 …………………………………129

  四、本章小结 …………………………………………………………133

第四章 供给质量对中等职业教育需求的影响 ……………………135

  一、中等职业教育供给质量的实证调查 ……………………………135

  二、中等职业教育供给质量个人需求优先序的实证调查 …………151

  三、中等职业教育供给质量与个人需求优先序的对比分析 ………158

  四、本章小结 …………………………………………………………161

第五章 结论与建议 …………………………………………………163

  一、研究结论 …………………………………………………………163

  二、他山之石 …………………………………………………………165

  三、政策建议 …………………………………………………………181

  四、可能的创新与研究不足 …………………………………………190

参考文献 …………………………………………………………………191

  一、中文文献 …………………………………………………………191

  二、外文文献 …………………………………………………………201

附录1 中职生调查问卷 ……………………………………………205

附录2 中等职业学校管理人员访谈提纲 …………………………209

绪　　论

一、研究背景和问题的提出

（一）研究背景

2015年11月10日，习近平主席在中央财经领导小组第十一次会议上，首次提出了"供给侧改革"，指出："在适度扩大总需求的同时，着力加强供给侧结构性改革，着力提高供给体系质量和效率，增强经济持续增长动力。"习近平主席的一番讲话强调了中国经济增长的新动力是从"需求侧"向"供给侧"转变。

"需求侧"是指什么呢？从经济学角度看，经济增长有"三驾马车"，分别是投资、消费和出口；这三个要素都属于"需求侧"的三大策略。也就是说，我国经济发展，即GDP增长，主要是从"需求侧"入手，通过增加投资、扩大消费和增加出口"三驾马车"带动经济的快速增长。但随着中国经济的持续发展，近年来投资回报率越来越低。因此，各界学者都在反思已使用多年的"三驾马车"思路。中国是制造业大国，但中国人出国旅游却狂买马桶盖、化妆品、奶粉、牙膏……；国内生产的粗钢每斤价格与"白菜"相差无几，国内产能过剩成了重大包袱。可以看出，要解决中国经济存在的中长期问题，传统的凯恩斯主义药方已展现出明显的局限性。

2015年12月，习近平主席为我国经济发展指明了新的方向，即"供给侧结构性改革"，它是在新供给经济学理论的基础上开出的针对我国经济长远发展的新"药方"。新供给经济学是中国的一些经济学家在面对中国经济发展的特殊情况，以及在西方供给学派等理论基础上提出的一个新的经济学理论。在这个理论基础上，我国政府提出了"供给侧结构性改革"，强调经济发展从"供给侧"入手。经济学中的供给侧，主要包括劳动力、土地、资本、技术等要素。"供给侧"改革就是从这些要素发力，通过合理配置这些要素，形成科学和高效的供给结构，使供给结构对需求变化的适应性和灵活性增强，不断扩大有效和中高端供给，减少无效和低端供给，提高全要素生产率，使供给体系更好地适应需求结构的变化。

经济政策的调整必然会牵涉社会的许多领域，这项新的经济发展政策毫无疑问对教育领域的发展带来了新的启发和改革，同时也对教育领域提出了新的、更高的要求。2016年"两会"期间，代表、委员都非常关注教育供给侧改革。全国政协常委、民进中央副主席朱永新接受记者采访时，坦言经济领域大谈供给侧改革，教育领域也应注重供给侧改革。随后，《中国教育报》连续刊载了3篇有关教育供给侧改革的论文，分别是《教育老大难的问题要从供给侧破冰》（熊丙奇）、《供给侧改革旨在优化教育选择》（傅蔚冈）、《教育供给侧改革关乎教育公平》（程方平）。姜朝晖学者也发表了论文《以供给侧改革引领高等教育发展》，分析了供给侧改革在高等教育领域中的重要意义及其改革的思路。❶刘云生发表《供给侧结构性改革：教育怎么办？》，探讨了供给侧改革在教育领域的发展对策。❷2016年5月7日，中国教育三十人论坛、华东师范大学教育公平协同创新中心、国家教育宏观政策研究院在华东师范大学共同举办了"以供给侧改革促进教育公平"高峰论坛。这次论坛聚集了诸多教育名家共同探讨教育公平问题，探讨如何在新的经济发展政策——"供给侧改革"背景下，来更好地促进教育发展。

本研究主要是探讨中等职业教育个人需求问题。目前，我国中等职业教育仍然面临吸引力不强、需求不足的问题。笔者认为，中等职业教育也应在新的

---

❶ 姜朝晖.以供给侧改革引领高等教育发展[J].重庆高教研究，2016（1）：123-127.
❷ 刘云生.供给侧结构性改革：教育怎么办？[J].教育发展研究，2016（3）：1-7.

经济政策指导下创新发展。吕景全、马雁和杨延等在《职业教育：供给侧结构性改革》一书中提出，从供给侧结构角度分析，职业教育供给结构的发展水平存在很多问题，因此职业教育供给侧结构改革显得尤为重要。职业教育是与经济发展结合最为密切的教育类型，它作为整个国民教育体系的重要构成部分，主要肩负着为国家经济社会发展提供大量技术、技能人才的重要使命。当前经济社会发展、经济结构合理化及转型升级对技术、技能型人才需求不断升级，因此改革职业教育的发展模式和供给结构，实施职业教育的供给侧结构性改革是职业教育目前最重大的任务。❶许红菊、韩冰在《以供给侧改革思路提高高职教育吸引力》中也提到，我国职业教育走的是以"需求侧"为主的道路，尽管取得一定的成效，但职业教育吸引力依然偏低。职业教育应转变发展思路，走"供给侧"改革之路，助推职业教育可持续发展。❷因此，借助"供给侧改革"的引导，本研究也试着从中等职业教育"供给侧"入手，通过分析中等职业教育的供给制度和供给质量等因素，力图解决其个人需求不旺的问题，以便为促进中等职业教育的长远发展提供理论分析和政策建议。

（二）问题的提出

自21世纪以来，职业教育受到了国家和社会的高度重视，政府决策部门和学者都一致认为我国应该大力发展职业教育。职业教育关系到一个国家的未来发展命运和现实生产力的制造能力。第三次工业革命对中国的劳动力结构和教育体系都产生了深刻的影响，数字化制造需要的不再是拥有简单操作技能的廉价劳动力，而是高素质的知识型人力资源。只有实现人力资源与先进制造设备的有机结合，才能构造新的产业竞争优势，促进新的经济发展。

2010年，《国家中长期教育改革和发展规划纲要（2010~2020年）》提出："发展职业教育是推动经济发展、促进就业、改善民生、解决'三农'问题的

---

❶ 吕景全，马雁，杨延，等.职业教育：供给侧结构性改革[J].中国职业技术教育，2016（9）：15-19.

❷ 许红菊，韩冰.以供给侧改革思路提高高职教育吸引力[J].教育与职业，2016（16）：16-20.

重要途径，是缓解劳动力供求结构矛盾的关键环节，必须摆在更加突出的位置"，我国应"加快发展面向农村的职业教育"以及"保持普通高中和中等职业学校招生规模大体相当"的目标。李克强总理在2014年2月的国务院常务会议上，明确要求部署加快发展现代职业教育，并提出"崇尚一技之长，不唯学历凭能力"。这个响亮的号召，为职业教育推开了春天的窗户，终将成为中国职业教育史上一块新的里程碑。[1]同年6月，国家主席习近平在全国职业教育工作会议上，就加快职业教育发展也做出重要指示。他提出"加快发展职业教育，让每个人都有人生出彩的机会"。职业教育是国民教育体系和人力资源开发的重要组成部分，是广大青年打开通往成功成才大门的重要途径，肩负着培养多样化人才、传承技术技能、促进就业创业的重要职责，必须高度重视、加快发展。[2]

可以看出，国家非常重视职业教育的发展，并且近几年不断加大对职业教育尤其是中等职业教育的经费投入力度。2007年秋季学期起，国家建立健全了助学政策体系，当年教育部、财政部联合印发《中等职业学校国家助学金管理暂行办法》，规定从2007年秋季开始，对具有中等职业学校全日制正式学籍的在校一、二年级所有农村户籍的学生和县镇非农户口的学生以及城市家庭经济困难学生提供每年1500元的助学金。每年，获得助学金资助的学生约占一、二年级的90%。2009年，2010年和2012年，国家又相继出台了三个文件，分别是《关于中等职业学校农村家庭经济困难学生和涉农专业学生免学费工作的意见》《关于扩大中等职业学校免学费政策覆盖范围的通知》《关于扩大中等职业教育免学费政策范围进一步完善国家助学金制度的意见》。这三个文件规定，对所有农村（含县镇）学生、城市涉农专业学生和家庭经济困难学生实行免学费政策（艺术类相关表演专业学生除外）。这基本标志着中等职业教育全部实

---

[1] 李克强.李克强谈职业教育：崇尚一技之长，不唯学历凭能力[EB/OL].（2014-07-01）[2015-12-12]. http://edu.dahe.cn/2014/07-01/103084283.html.

[2] 习近平.加快发展职业教育，让每个人都有人生出彩的机会[EB/OL].（2014-06-024）[2015-12-12]. http://news.xinhuanet.com/politics/2014-06/24/c_126663097.htm.

行了全免学费。据统计，2006~2013年，中央财政职业教育投入从18.5亿元增加到233.3亿元，年均增长43.6%。2015年2月25日，李克强总理主持召开国务院常务会议决定，为加大对家庭经济困难学生的助学力度，加快技能型人才培养，从2015年春季学期起，将中等职业学校和普通高中国家助学金标准由生均每年1500元提高到2000元，帮助家庭经济困难学生更好地完成学业。❶这说明我国已把职业教育作为社会发展的重要基础和整个教育工作的战略重点。

随着"优先和大力发展职业教育"国家战略的实施，尤其是中等职业教育国家助学金政策和免学费政策的实施，对于推动中等职业教育的发展产生了明显效果。但不容忽视的问题是，免费政策实施后，中职的招生规模并没有像预期的那样持续增长。2009年中职招生人数是860万人，2010年突破了870万人，达到这几年的最大值。2010年是中等职业教育实行免费政策的第二年，但这种增长势头没有继续保持，2011年中职招生人数开始下滑，为813万人，2012年是750万人，2013年是675万人，2014年是620万人，招生人数连续四年大幅度下滑。《国家中长期教育改革和发展规划纲要（2010~2020年）》提出，到2020年，中等职业教育在校生达到2350万人，而2014年中职在校生数只有1802.9万人。这之间的差距几年之内该如何弥补？与此同时，中职学校的退学人数也不断激增，从2006年的24.45万人增长到2011年的53万人，翻了一番多。从这些官方统计数据可以看出，中等职业教育仍然面临招生困境和需求不足的问题。尽管，政府从政策和资金方面都对中等职业教育给予了极大的扶持，表现出极大的热情；但另一方面，老百姓却不买账，并没有表现出对中等职业教育的极大支持，反而抱怨不断。为什么会出现这样的情况？它的原因是什么？该如何缓解这一困境呢？如何在新的经济政策——"供给侧改革"引领下，缓解中等职业教育需求不足的困境，提高中等职业教育的个人需求意愿？这些问题都亟待解决。

---

❶ 教育部.提高高中阶段国家助学金标准，助力贫困学生成长和技能型人才培养[EB/OL].（2015-03-01）[2015-12-12]. http://www.moe.edu.cn/publicfiles/business/htmlfiles/moe/s271/201502/184328.html.

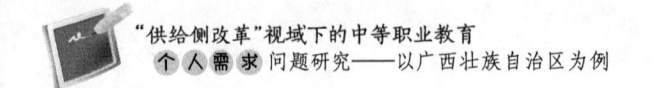

二、研究目的与意义

（一）研究目的

中等职业教育肩负着为国家经济发展培养中级技能型人才的重任。随着我国经济的高速发展和巨大转型，对技能型人才的需求也会越来越大。早在1985年《中共中央关于教育体制改革的决定》就提出，力争5年左右时间，大多数地区普通高中招生数与各类高中阶段的职业技术学校招生数相当，调整高中阶段教育结构不合理的状况。时隔30多年，中等职业教育与普通高中教育规模也经历了曲折的变化。时而中职教育发展超过普通高中教育，时而普通高中教育又超过中职教育。但从目前状况来看，中等职业教育仍然面临发展的困境。尽管从2007年起国家先后对中职教育实行了助学金政策和免学费政策，但这些政策似乎没有有效地刺激中职教育规模的扩张，招生人数反而在2011~2014年连续下滑。

因此，本研究的目的在于：一是从历史的角度梳理中等职业教育个人需求的演变历程。通过对新中国成立后，中等职业教育个人需求发展历程描述，可以更全面地把握和分析中等职业教育兴衰的背景和原因。二是对中等职业教育个人需求的现状作全面比较分析，比较的维度是中等职业教育与普通高中教育招生数和在校生数的比较，全国各个省份中等职业教育个人需求的地区差异比较，公办中等职业教育与民办中等职业教育的比较。通过比较可以更全面和深入地了解中等职业教育的发展现状。三是依据新供给经济学理论，从中等职业教育的"供给侧"探讨对中等职业教育需求的影响。以往的研究多从"需求侧"探讨中等职业教育需求问题，本研究转换研究角度从"供给侧"入手，通过对教育供给方式和供给质量的研究来探讨中等职业教育个人需求问题；四是从"供给侧"视角提出增强中等职业教育个人需求的对策与建议。

（二）研究意义

1.理论意义

第一，有助于丰富新供给经济学理论。新供给经济学理论是我国经济学家基于中国经济发展的现实困境，在西方传统供给经济学、制度经济学、转轨经济学、发展经济学、信息及行为经济学等多学科的基础上构建的一门新的经济学理论。这门新理论的诞生对社会的各个方面都起着引领作用。本研究试着运用这个新理论的分析框架来解决中等职业教育领域发展问题，因此有助于丰富新供给经济学理论在教育领域的应用，同时也为检验新理论提供了实践支持。

第二，丰富公共产品理论在中等职业教育阶段的应用。自2009年、2010年和2012年相继出台了三个文件对中等职业教育实行免学费政策后，中等职业教育基本实行了在校生全免学费（除艺术类相关表演专业学生），这意味着中等职业教育的产品属性更接近纯公共产品。一种产品公共属性改变，它的需求和供给也会发生相应的改变。作为准公共产品的中等职业教育，它的供给主体该如何调整才能更有效，它的供需平衡该如何衡量等问题都需要运用公共产品理论。因此，本研究可以进一步丰富公共产品理论在中等职业教育中的运用。

2.实践意义

第一，解决中等职业教育生源不足的问题。免费政策下，中等职业教育招生仍然面临巨大困难，并且学生退学现象也较严重。从中等职业教育的"需求侧"出发，提出了很多措施来解决需求不足的问题，虽取得了一定的成效，但目前发展受阻。本研究通过理论和实证调查，从中等职业教育的"供给侧"探讨影响中等职业教育需求的主要问题。通过对主要问题的分析，可以了解到中等职业教育的"供给侧"如何影响需求的发展，如何从"供给侧"采取措施来促进需求的发展。"供给侧"提出的措施对需求问题的解决更深入、全面和基于长远发展，因而可以有效地增强中职教育的吸引力，解决招生困难的问题。

第二，缓解国家对技能型人才短缺的状况。中等职业教育通过传授系统化知识和劳动技能，以提高劳动力素质和优化人力资源配置，实现职业教育对经济社会发展的推动作用。因此，只有中等职业教育健康发展，规模稳定，结构合理，才能保证对国家所需技能型人才的培养。本研究着眼于中等职业教育吸引力不足，需求不旺的问题，找出其存在的问题和原因，以确保中等职业教育的规模稳定与可持续发展，以便为国家提供技能型人才作保证。

三、核心概念界定

（一）中等职业教育

中等职业教育简称中职教育。2006年国务院办公厅给出了中等职业教育的权威定义：中等职业教育是在高中教育阶段进行的职业教育，同时包括一部分高中后职业培训，其定位就是在九年义务教育的基础上培养数以亿计的技能型人才和高素质劳动者。

目前，我国中等职业学校共有四类：①中等专业学校（简称"中专"）。应届、往届初中毕业生是这类学校招收的主要群体，一些专业也招收高中生和社会闲散青年，一般学制三年。传统的培养目标比较窄，主要是生产一线的中级技术人员、管理人员或小学教师等。如今培养目标已扩大到社会各个领域的多种技能型人才。②技工学校（简称"技校"）。这类学校由中华人民共和国人力资源和社会保障部主管，也主要招收应届、往届初中毕业生，更注重专业技能和实用型人才的培养，培养目标是初、中级技术工人，学制一般三年。③职业高级中学（简称"职高"）。这类学校是在改革开放后，为了扭转我国高中阶段教育结构不平衡的现状，而把部分普通高中改建形成的，一般招收应届、往届初中毕业生，学制三年。培养目标与前两种学校类似，主要培养具备综合职业能力和技术操作能力的直接在生产、服务、技术和管理第一线工作的应用型中级人才和以生产服务一线为主的操作人员。④成人中等专业学校（简称"成人中专"），这类学校最初主要面向成年人，是把具有初中文化程度的成年人（在职人员为主）培养成中等职业技术人员，并且这类学校以前不归属于中等职业教育，而是属于成人教育范畴。当时中等职业教育主要是指"三校生"，即中专生、技校生和职高生。

进入21世纪，上述的四类中等职业学校培养目标基本相同，办学形式日益趋同，国家为了推动它们走向融合，更好地规范中等职业教育管理和布局调整，统一界定四类学校为"中等职业教育"，都是专门为社会培训初级、中级技能劳动人才的重要教育基地。所以在2003年《中国教育统计年鉴》中，正式提出中等职业教育包括以上四类学校。本研究的中等职业教育主要是指全日制中等职业学校学历教育，主要招收应往届初中毕业生或具有同等学力者，学制以三年为主。这些学校开办的职业培训不包括在本研究内。

（二）教育需求

教育需求的概念是从经济学中引申过来的。需求（demand）是经济学的基本概念，是指在一定时期内，在某一个价格水平下消费者对市场上的某种商品或劳务有支付能力的需要。[1]这里强调需求的形成必须有两个条件，一是有购买欲望，二是有支付能力。

相应的教育需求是指社会、企业和个人对教育机会有支付能力的需要。[2]同样，教育需求的形成也必须满足两个条件，一是有对教育的需求意愿，二是有能力支付上学的各种费用。教育需求一般分为国家对教育的需求，企业对教育的需求和个人对教育的需求。本研究主要是指个人对教育的需求，是指个人出于投资教育将使他增进知识和技能，进而在未来取得较高的社会地位和获得较高收入的目的而产生的对教育有支付能力的需要。

（三）中等职业教育个人需求

1. 中等职业教育个人需求的概念

我国一些学者只对职业教育需求作了界定。如姜大源提出，职业教育需求指的是社会和个人对职业教育产品和职业教育机会的有支付能力的需要。个人

---

[1] 高鸿业.西方经济学：微观部分[M].第五版.北京：中国人民大学出版社，2012：21.
[2] 范先佐.教育经济学新编[M].北京：人民教育出版社，2010：159.

需求是对职业教育机会的需求,是个性发展的人本性或公益性需要,它既发生在职业教育过程的起点,又发生在职业教育过程之中;社会需求是对职业教育产品的需求,是社会发展的功能性或功利性需要,它发生在职业教育过程的终点。职业教育机会需求构成职业教育产品的需求的动力,两者的关系是对旨在满足社会发展需要的职业教育产品的需求在时间维度和空间维度上确保了旨在满足个性发展需要的职业教育机会的需求。❶郭苏华提出,职业教育需求有两类:第一类是满足经济社会发展的需求和产业、岗位的需求;第二类是满足个人就业和职业生涯发展的需求。两类需求的价值观有差异,我们应从个人职业教育需求出发来满足社会职业教育的需求。❷

中等职业教育是职业教育中较低的一个层次,属于职业教育需求的一种。针对前面学者对职业教育需求的界定,本研究认为,中等职业教育需求是指社会和个人对中等职业教育有支付能力的需要,一般分为中等职业教育社会需求和中等职业教育个人需求。个人需求是社会需求的基础,只有满足了个人的中等职业教育需求才能更好地满足社会对中等职业教育的需求。

中等职业教育社会需求是指社会中的各种企业和单位等对中等职业教育培养的人才形成有支付能力的需要。

中等职业教育个人需求是指个人出于掌握一定知识和技能以及满足职业生涯发展的需要,为了在未来获得较好的职业和一定收入而产生的对中等职业教育有支付能力的需要。本研究主要是从个体的角度分析中等职业教育需求,如无特殊说明,论文中所指的中等职业教育需求均是指中等职业教育个人需求,不涵盖中等职业教育社会需求。

2.中等职业教育个人需求的分类

美国学者贝尔菲尔德和莱文在《教育民营化:原因、结果和规划影响》中提出,人们除了对教育的基本需求,还存在对教育的"差异需求"和"额外需

---

❶ 姜大源.职业教育:供给与需求辨[J].职业技术教育,2008(4):4-5.
❷ 郭苏华.职业教育的二元需求及其目标差异[J].教育发展研究,2006(7A):40-44.

求"。他们认为,"差异需求"是指,许多公立学校所提供的教育服务是标准的、单一的,无法满足学生有差异的需求,如具有民族教育性的需求,具有宗教教育性的需求,更加专业化、精细化、特殊化的专业教育需求等。"额外需求"是指,超过政府所提供的基本教育服务能力的需求,如要求更长年限的教育需求,更高层次的教育需求等。❶

基于贝尔菲尔德和莱文的界定,本研究把中等职业教育个人需求也分为基本需求、差异需求和额外需求。

中等职业教育个人基本需求是指政府所提供的最低限度供给水平的中等职业教育,以满足想要学习职业教育的应往届初中毕业生有继续接受职业教育的机会,这个最低供给水平会随着经济社会发展水平或政治社会环境的变化而改变。

中等职业教育个人差异需求是指学生对中等职业学校的教学质量、专业设置、就业渠道、校园建设等学校各项服务标准感觉单一或死板,因而提出更加体现多元、可选和差异的需求,这种差异主要体现在专业设置的差异、培养方式的差异、民族特性的差异、就业渠道的差异、地域特殊优势的差异等。如学生要求开设刺绣专业、学生要求提供海外实习机会等。

中等职业教育个人额外需求是指远远高于中等职业教育基本需求的超额需求,一定时间内政府都无法达到的目标,如学生现在希望接受研究生层次的职业教育等。

此外,中等职业教育个人需求还有很多其他分类,如按照学校提供的服务来划分,有个人对教师服务的需求、个人对升学服务的需求等;按照个人需求的专业来划分,个人对旅游业类职业教育需求,个人对艺术类职业教育需求等。在此,笔者不一一详述。

3. 中等职业教育个人需求的特点

第一,优质化。随着人民生活水平的大大提高,对优质服务质量的要求越

---

❶ BELFIELD C R, LEVIN H M. Education privatization: causes, consequences and planning implication[R]. Paris: UNESCO: International Institute for Educational Planning, 2002: 29-33.

越来越高，而中等职业教育作为一种教育服务，学生和家长也对此提出更高标准，更多样化的服务需求。如需要开设更多新专业的要求、需要教师的技能更全面的要求、需要校园环境更加美丽的要求、需要实习单位在大城市、大单位的要求等，这些都体现了学生对中等职业教育需求的优质化特点。

第二，高层次化。中等职业教育以前一直被认为是"终结性"教育，学生上完中职学校就结束了人生的学习生涯，而现在学生对中等职业教育提出了更多的升学要求，不但希望完成大学教育，而且希望能有机会完成职业教育领域的研究生教育，这无疑体现了学生对中等职业教育更高层次的个人需求特点。

（四）"需求侧"改革与"供给侧"改革

"需求侧"和"供给侧"概念是基于习近平主席在2015年11月提出的"供给侧结构性改革"而在我国各大新闻媒体以及各种会议广泛提到的新名词。

了解"需求侧"改革，首先了解一下需求的概念。需求是指在一定时期内，在某一个价格水平下消费者对市场上的某种商品或劳务有支付能力的需要。❶从定义看出，需求是把消费者作为主体，消费者对某一产品或服务的消费数量就构成需求量，因此消费者影响着需求的数量，进而影响GDP总量。相应"需求侧"是以消费者为主体，经济学中一般把投资、消费和出口，即经济增长的"三驾马车"称为"需求侧"，这三项措施都是为了增加消费。"需求侧"改革是指从经济的"需求侧"着手，以"三驾马车"为经济手段，通过宽松的货品政策，采取各种改革和措施促进经济发展，这些改革和措施以政府调控为主，是一种"大政府、小市场"的管理手段。如政府运用各种经济手段调控某一产品或服务的价格来刺激人们的消费等，有时"需求侧"改革也称为"需求侧"管理。

"供给侧"是与"需求侧"相对应的一个概念。同样，了解"供给侧"改革也要先了解供给的概念。供给是指在一定时期内，在某一价格水平下生产者

---

❶ 高鸿业.西方经济学：微观部分[M].第五版.北京：中国人民大学出版社，2012：21.

愿意且能够提供的某一商品或劳务的数量。❶从定义看出，供给是把生产者作为主体，生产者决定着供给的水平、质量、结构等。相应"供给侧"是以生产者为主体，经济学中一般把劳动力、土地、资本和创新统称为"供给侧"，这些要素配置是否合理，影响生产者的供给水平和质量，进而间接影响GDP总量。"供给侧"改革是指从经济的"供给侧"着手，以"供给侧"的四大要素为基准，采取各种改革和措施促进经济发展，这些改革和措施以市场自由调节为主，是一种"小政府、大市场"的管理措施。如生产者通过制度创新、结构调整、提高质量等改革措施使各个要素实现最优配置，更好地满足人民多样化需要，也就是习近平主席提出了"供给侧结构性改革"。图0-1所示直接描述了"需求侧"改革和"供给侧"改革的关系。

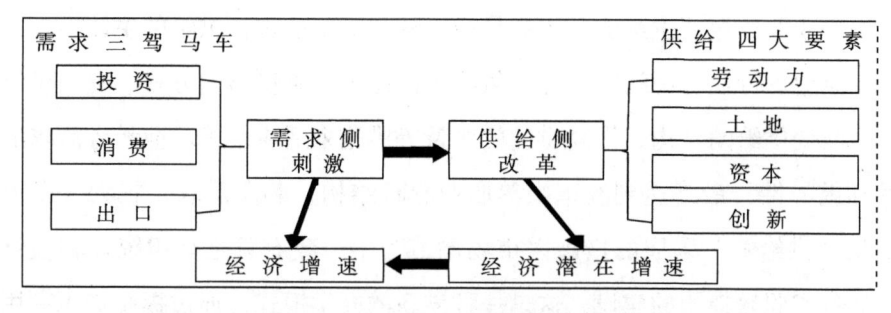

图0-1 需求侧"三驾马车"与供给侧四大要素之间的关系❷

"需求侧"改革和"供给侧"改革都是促进经济增长的手段，"需求侧"改革以政府调控为主，刺激需求，促进经济直接增速；"供给侧"改革以市场自动调节为主，改革供给方式、结构等生产要素的配置，促进经济潜在增速，最后达到经济增速。

（五）中等职业教育的"需求侧"改革与"供给侧"改革

需求与供给是经济学中最基本的概念。中等职业教育作为一种准公共产

---

❶ 高鸿业.西方经济学：微观部分[M].第五版.北京：中国人民大学出版社，2012：32.
❷ 百度百科词条中的需求侧图册。

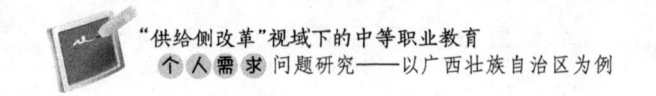

品，也面临需求和供给的问题。这里需要注意的是，本研究关注的是中等职业教育个人需求，它是指个人（学生）对中等职业教育机会的需求，供给是指国家或企业等对中等职业教育机会的供给。借用经济学中"需求侧"改革和"供给侧"改革的概念，本研究提出中等职业教育"需求侧"改革和中等职业教育"供给侧"改革的概念。

中等职业教育"需求侧"改革是指，从中等职业教育需求的主体出发，即学生或学生家长角度出发，以政府调控为主要手段，通过投资或增加学生消费等行政命令来增加中等职业教育的规模，促进其发展。如政府制定中等职业教育与普通高中教育招生规模大体相当的政策，这相当于用行政手段强制增加学生选择，即增加学生消费；政府颁布中等职业教育免费政策，相当于增加投资，刺激需求，使得学生减少学习成本来扩大中等职业教育的规模。

中等职业教育"供给侧"改革是指，从中等职业教育供给的主体出发，即政府、企业、行业、民间团体等，供给主体通过改善供给的方式、提高供给的效率、改变供给的结构、提高供给的质量等措施来适应中等职业教育需求的丰富性和差异性，最终达到改革中等职业教育结构，刺激需求，扩大其发展规模。从"供给侧"采取的措施以市场调节为主，政府只是承担统筹和监管责任。如各省职教集团的建设，这是一种创新的办学模式，通过提高资源利用率来改善中等职业教育供给，进而增加学生需求。

四、文献综述

（一）中等职业教育需求的现状研究

对于中等职业教育需求的现状，有的学者从宏观的角度来描述，有的学者从微观的角度来描述。从宏观角度描述中等职业教育需求的现状，主要是探讨我国近几年中等职业教育规模变化的趋势，其中主要包括中等职业教育招生规模的变化、普职比例的变化、生源结构的变化等。

陈国良带领的课题组通过调研发现，高中阶段普职分流的制度在世界各国普遍实行，即高中阶段教育开展职业教育与普通高中两种类型，但中职生所占比例总体呈下降趋势。世界各国教育传统和经济社会发展水平差异较大，对人力资源需求的规格也各有不同，因此教育结构与分流程度呈现明显的多样化格局。据联合国教科文组织2008世界教育的最新统计，2006年，世界各大洲及地区中等职业教育学生占全部高中阶段学生总数的比例平均水平为20%~40%，呈现较为均匀的分布状态。[1]其次，他们对我国的中等职业教育规模作了分析，调查发现，1995~2008年，我国中等职业教育发展经历了"增—减—增"的变动过程。为了促进中等职业教育快速发展，2002年国务院做出大力发展中等职业教育的决定，之后几年中等职业教育规模及所占比例慢慢提高。分区域看，西部地区中等职业教育的招生增长最快，中部地区增长次之，东部地区增幅最小。[2]陈嵩分析了2006年我国中等职业教育招生的整体情况和各省份的地区差异。2006年中等职业教育招生人数占高中阶段教育招生的比例为46%。中职招生比例基本达到或超过全国平均值的有16个省区的，以东部地区为主，西部地区的四川、重庆、广西、陕西及中部的湖北、江西、山西、河北、河南也在全国平均线以上。从总体上看，中职招生比例由东向西呈逐步减小的态势。[3]教育部职业技术教育中心研究所特聘研究员张昭文分析了2011年的中职招生工作。因为2011年是中职实行免费政策的第三年，希望通过招生人数的变化来剖析免费政策的实施效果。张昭文提到，2011年中职招生比2010年减小57万人，而普通高中教育又比2010年多招15万人，这一增一减使中职招生数占整个高中阶段招生数的比例从2010年的51%降低到2011年的49%。此外，他还分析了各省中职招生人数的地区差异。中职招生占高中阶段招生比例超过一半的有14个省区，其他省区还没有实现普职比大体相当目标，其中中职招生占高中阶段招生比例低于45%的有10个省份，尤其是西藏（24%）和

---

[1] 陈国良，等.高中阶段普职分流的全球视野[J].教育发展研究，2009（23）：1-7.
[2] 陈国良，等.我国中职规模及比例情况[J].教育发展研究，2009（23）：24-25.
[3] 陈嵩.我国中等职业教育区域发展水平比较分析[J].职教论坛，2008（21）：4-11.

贵州（37%），这两个西部地区急需优化高中阶段教育结构，促进职普比大体相当。[1]中等职业教育招生制度与教学模式改革研究课题组也分析了中职招生规模的变化。他们以2006~2010年的统计数据为标准，分析得出：中等职业学校年平均招生规模为822万人，在校生规模增加了；校均规模增加了，整体上中职教育在校生数占高中阶段教育在校生总数的47.8%，基本实现了国家"中等职业教育继续扩大招生规模""中等职业教育招生人数与普通高中大体相当"的职业教育发展目标。此外，中职学校的生源结构在近几年也发生了重大变化。以前主要招收应届、往届初中毕业生、初中辍（退）学学生，而现在退役士兵、返乡农民工、进城农民工、下岗失业人员、生产服务一线职工等也成为中职招生的重要组成部分。2009年，非应届初中毕业生已经占到了招生总数的1/10以上，2010年达到24%，2011年达到19%，这个比例还在继续增加。[2]

从以上资料可以看出，我国中职教育规模在1995~2012年经历了增—减—增—减的变化，并且各个地区发展的情况差异较大。有的省份中职招生规模超过了普通高中，有的省份没有超过，这表明对中等职业教育需求的研究应区分时段、区分地区考察。

从微观角度描述中等职业教育需求，学者们主要从个体对中等职业教育选择来描述。根据大部分学者的调查资料显示，我国中等职业教育需求存在不足的现象，主要从三个方面来阐述：第一，中职招生规模减小、学生的辍学率高、招生困难；第二，学生选择中职教育意愿不高；第三，学生即使进入中职学校，也是被迫选择。

石伟平认为，目前我国职业教育整体上吸引力不高，主要表现在民众没有热情或者不愿接受职业教育。虽然中职招生从全国水平来说，已占高中阶段近一半，但不容忽视的是，中职招生规模的扩张是得益于国家的强制规定普职比

---

[1] 张昭文.总结推广经验，研究解决问题，积极推动中职招生工作[J].中国职业技术教育，2012（25）：60-68.

[2] 中等职业教育招生制度与教学模式改革研究课题组.中等职业教育招生制度与教学模式改革：现状与问题[J].中国职业技术教育，2013（3）：5-19.

1∶1政策和相关优惠政策。如果取消中职招生的硬性规定,完全放开由市场选择,也许中职招生规模将更不容乐观。❶石伟平还提到,2009~2011年中职毕业人数远远低于三年前的招生人数,这些流失的学生要么根本没有到校报到,要么中途退学。这均说明职业教育的吸引力不足,教育质量还无法满足学生或家长的要求。❷高慎森通过分析近年来的调查统计资料和自己的一线调查,发现中职生流失现象非常严重,并呈现如下几个特点:一是学生流失时间集中,多发生在第一学期期中和寒假之后,90%为一年级学生,毕业班学生很少流失;二是流失的群体多集中在某个专业某几个班级,表明学生相互受影响;三是流失比例高。学校整体年流失率在15%左右,个别专业年流失率达到20%~30%,甚至更高。❸王海燕选取广西8个市的初中学校为调查对象,研究发现广西中等职业教育个人需求不足,主要表现为需求总量减少,中职招生困难,报到率低、辍学和转学现象严重。❹董碧松、郭雅娴提出中国职业教育需求不足表现为两方面,一是职业学校招生困难,生源数量不足,生源质量较差;二是大批初中、高中毕业生没有经过任何职业技能培训,直接进入劳动力市场,影响了劳动力的质量。❺欧阳靖峰提出中职教育遭遇尴尬,表现为政府鼓动热,民间反应冷;政府投资大,实际收效微;市场需求大,中职学校却招不到生,供求严重脱节。❻熊贤瑶选取贵州地区一个少数民族县——麻江县为调查对象,发现这里的居民存在严重的重普教轻职教的思想观念,很多家庭认为花钱上中职不如直接出去打工,所以这里招生工作很困难。❼

周正通过对哈尔滨市几所中职学校的调查发现,家庭经济困难的学生或者

---

❶ 石伟平,唐智斌.增强职业教育吸引力:问题与对策[J].教育发展研究,2009(13):20-24.
❷ 石伟平.中国职业教育发展报告2011[M].上海:华东师范大学出版社,2013:15.
❸ 高慎森.中职流生问题的原因与对策研究[J].职业教育研究,2011(11):54-56.
❹ 王海燕.广西中等职业教育个人需求影响因素实证研究[D].南宁:广西大学,2013.
❺ 董碧松,郭雅娴.对中国职业教育需求不足的理性审视[J].成人教育,2008(9):7-8.
❻ 欧阳靖峰.中等职业教育遭遇尴尬的文化反思[D].天津:天津大学,2011.
❼ 熊贤瑶.西部地区中等职业教育发展的现状与对策——以麻江县为例[D].长沙:湖南师范大学,2010.

学习成绩较差的学生才会选择职业教育，职业教育正沦为弱势群体的无奈选择。上职校的学生中只有25.2%学生是因为感兴趣才读中职，其余都是被迫选择。[1]黄斌、徐彩群、姜晓燕通过对浙江、安徽、山西三省957名农村初三的学生的调研发现，中国农村地区初中生都非常渴望接受高中阶段的教育，但这种需求主要表现为对普通高中教育的强烈需求，对中职教育的需求意愿非常低。愿意接受中职教育的初中生仅占总数的1/5，且多数学生选择中职教育的主动性动机不强。[2]中国教育财政科学研究所于2008~2010年在西部某省41个国家级贫困县的农村初中学校调查，通过对2216名初中二年级学生进行随机调查和跟踪调查发现，从教育分流意向来看，22.7%的初中生愿意上中职，70.3%的初中生愿意上普通高中；实际的结果是，25%的学生上了中职，41.9%的学生上了普通高中，直接打工占14.3%或辍学占5%的状态。22.7%的愿意上中职的学生样本中，实际有37.1%的人进入中职，30.7%的人选择了辍学或打工的生涯。[3]杨良才通过对四川某职业中学510名初中毕业生的调研发现，从就学意愿分析，学生和家长接受中职教育（含职业中专、职业高中、技校和普通中专）的意愿都不高，大约是15%；学生和家长都希望接受高等教育，大约有45%的比例；学生和家长接受研究生教育的意愿大约有10%的比例。如果让孩子自由选择的话，仅有18.2%的学生愿意到中职中专就读，81.8%的学生希望读普通高中。[4]王欢通过对石家庄市5所职业院校的调研发现，涉农专业中职学生中76.5%的学生最初的就学意愿并非职业教育，而是普通高中。[5]陈艳指出，支付能力、求学意向和学习能力是影响个人职业教育需

---

[1] 周正.谁在念职校——中职生现状调查与反思[J].职教论坛，2010（4）：50-53.

[2] 黄斌，徐彩群，姜晓燕.中国农村初中学生接受中职教育的意愿及其影响因素[J].中国农村经济，2012（4）：47-56.

[3] 谢湘.上中职成为农村初中生最不情愿的选择[N].中国青年报，2011-05-30（11）.

[4] 杨良才.中等职业教育生源困境及对策研究——以某职业中学为例[D].成都：四川师范大学，2011.

[5] 王欢.涉农中等职业教育发展对策探寻——基于对石家庄市中等职业学校学生就读意愿的调查[J].河北大学学报（哲学社会科学版），2012（3）：31-37.

求的主要因素。她采取问卷调查的方式对佛山市几所职业学校的学生、家长进行个人求学意向调查。结果表明，有55.6%的家长希望子女接受大学本科以上教育，不愿意选择中职教育。❶中德合作广西行动学习项目课题组编写了《广西职业教育充分发展：理论与实践》一书，书中介绍了他们开展的一项调查，广西地区大多数初中生教育需求的意愿是普通高中，特别是优秀学生，老师和家长都是鼓励他们上普通高中。有些学生甚至去其他地区上普通高中，也不会主动选择职业学校。这项调查真实地反映了广西地区当前学生的教育选择取向，也反映了学生家长以及社会各界对职业教育的认识的局限性。当前广西职业教育发展的一项重要任务就是转变观念，营造有利于职业教育发展的社会环境。❷莫永生通过对西南少数民族贫困地区的广西东兰县初三学生的实地考察，调查统计资料显示，大部分学生都认为职业教育非常重要，对学生动手能力的培养很有帮助。但当被问到第一年考不上高中（中职生）你将有何打算，1/3的学生都会选择"复读，明年再考"，1/3的学生选择交赞助费上普通高中，他们还是不愿意接受被分流到职业学校去。有些学生学习基础太差，也在老师的鼓动下参加中考，就是抱着一线希望也要上普通高中，可见这些孩子和家长都无一例外地把普通高中作为第一选择。❸

于洪姣通过对河南、江苏、广州5000多名中职学生调研发现，近一半职业学校学生在初中毕业后都是被动选择上职业学校的。被动的原因有：学习成绩不好，没有考上普通高中；家庭经济困难，自己上大学又无望，为了早就业，减轻家庭经济压力；孩子在家没事干，年龄又小，家长非让来等。这些学生或是迫于自己的学业能力，或是迫于家庭的经济能力，或是迫于父母的压

---

❶ 陈艳.发达地区职业教育的需求——基于广东省佛山市的分析[J].职业技术教育，2009（21）：73-75.

❷ 中德合作广西行动学习项目执行办公室.广西职业教育充分发展：理论与实践[M].南宁市：广西人民出版社，2009：27.

❸ 莫永生.广西东兰初三学生教育分流研究[D].重庆：西南大学，2012.

力，就读职业学校均出于无奈，占总样本的比例将近一半。❶沈亚强、刘丽认为，农民子女偏爱普通高中教育，即使很多家长送子女上职业教育也是一种被迫的选择，并非家长和学生的自愿选择。❷余祖光课题组调研发现，学生及家长报考职业院校的动力不足，积极性较低。广东佛山某职业技术学院2008年招生，报到率仅为60%，剩余没有报到的学生都是分数比较高，靠近普通高中录取线的学生。家长和学生都将选择职业学校作为"无奈的选择"或"不得已的选择"。不少考试成绩偏低的学生，如果家庭经济条件好，他们愿意出高额赞助费上一般普通高中，也不愿就读职业学校；如果家庭贫困，学生就会直接外出打工，也不愿意就读职业学校。❸

综上所述，不管从宏观角度还是微观角度来看，中等职业教育都存在需求不足的问题。首先，中职实行免费政策后，招生人数在2010~2013年呈现下降趋势。其次，2009~2011年，中职学校的流失学生数不断增加，表明中职教育需求不足。最后，学生就读中职学校的意愿比较低，大多数学生属于被动选择。

（二）中等职业教育需求与供给的矛盾研究

中等职业教育需求和供给之间的矛盾研究是促进中等职业教育发展的关键问题。针对这个问题很多学者作了探讨，他们从理论上分析了中等职业教育需求的主体是什么，供给的主体是什么，二者之间的矛盾是什么，以及如何解决。本研究中等职业教育个人需求问题也涉及中职教育供求矛盾的均衡，因此这部分内容为本研究提供了很好的参考价值。

马树超提出职业教育具有鲜明的双重需求主体特征，一个是经济发展的需求，另一个是学生及家庭的教育选择需求。二者之间的矛盾表现为：经济发展对技能型人才的数量需求与初中毕业生数量不足的矛盾；三次产业需求与职业

---

❶ 于洪姣.学生选择中职学校原因的实证研究[J].职业技术教育，2010（22）：40-43.

❷ 沈亚强，刘丽.基于社会分层视角的农民子女职业教育选择分析[J].中国职业技术教育，2013（21）：36-43.

❸ 余祖光，陈光.增强职业教育吸引力的问题研究[J].中国职业技术教育，2009（34）：15-30.

教育结构错位之间的矛盾；企业对技能型人才要求的职业性、实用性与学生高期望却又动手能力差的矛盾；新增劳动力的技能培训需求与职业教育发展模式落后的矛盾。他认为解决这些矛盾的对策是，政府应进一步加强宏观调控，加快构建职业教育法规、管理体系与质量监控评估体系，并要适合国家的经济建设发展。同时不断调控高中阶段的普职比例，使高中阶段职业教育比例不低于35%，最后，政府要从政策上支持职业学校自主招生，拓宽生源渠道，创新办学模式。[1]姜大源分析了职业教育供给与需求的存在形式，供给与需求的行为主体，供给与需求的调控机制。他指出，职业教育的供求矛盾主要表现在：数量失衡，即学校培养人才的供给和需求的数量失衡；质量失衡，即学校客观办学条件和学生主观教育需求的不匹配；结构失衡，即学校办学层次和专业设置与经济结构的不匹配；区域失衡，即企业、院校布局和教育资源配置的不合理和有偏差。由于职业教育的"产品"——教育产品和教育机会是一种特殊的商品，既有经济上的功利性，即利于企业获得经济效益，同时又有教育上的公益性，即促进学生个人的选择与发展，因此这种供求失衡的调控，需要市场和政府两个方面共同发挥作用。[2]杨眉以湖北省恩施土家族苗族自治州来凤县初三的学生为研究对象，分析了这个地区中等职业教育供需矛盾存在的问题、矛盾存在的原因和矛盾的解决。他认为中等职业教育发展与经济发展没有形成良性循环是职业教育危机的根源，有效需求不足、供给不优是制约当前职业教育发展的根本问题。[3]郭苏华指出，职业教育既要满足经济社会发展的需要也要满足个人发展的需要，这两种需要有不同的价值观，职业观，教学目标，我们应协调二者的关系，应从个人需求出发来满足社会发展需求。[4]杨黎明提出职业教育应逐渐从"供给驱动"向"需求驱动"转变，转变的过程需要满足两个基

---

[1] 马树超.关注两个"需求"，调整职教发展战略[J].教育发展研究，2003（7）：6-10.
[2] 姜大源.职业教育：供给与需求辨[J].职业技术教育，2008（4）：4-5.
[3] 杨眉.西部民族地区中等职业教育的供需分析——湖北省恩施土家族苗族自治州来凤县个案分析[D].北京：中央民族大学，2005.
[4] 郭苏华.职业教育的二元需求及其目标差异[J].教育发展研究，2006（7A）：40-44.

本条件，称为"双重满足"，即职业院校一边要满足经济界、企业界对技能人才的需求，一边又要满足学生及家庭的多样化教育需求。为此，职业教育需要进行一场大的改革，做到10个转变，即办学理念转变；办学方向转变；办学模式转变；办学目标转变；教学制度转变；课程框架结构转变；教学内容转变；教学方法转变；评价机制转变；办学机构转变。[1]张翌名认为，我国的职业教育的发展模式基本实行的是计划经济指导下的"供给驱动"型，主要依靠政府的政策"照顾"、"倾斜"来解决。随着中国经济的转型，我们应转变观念，统一认识，立足科学，从"供给驱动"型向"需求驱动"型转变。在转变过程中需要做到，即"一个转变""两种需求""三大内涵""四项服务""五类因素"。[2]谢革新认为中等职业教育有双重需求和双重供给，并受二者的共同制约。一方面，在劳动力市场，职业教育的需求方是企业（社会组织），供给方是职业学校；另一方面，在招生市场，职业教育的需求方是求学人群，同样供给方是职业学校。职业学校承担着双重供给主体，面对的是双重需求环境。从第一方面来说，企业对职业学校的毕业生不满意，中职生就业比较低；从第二方面来说，学生和家长又不愿意选择职业教育。职业教育的供给与需求不平衡导致了中等职业教育发展的困境，而困境的根本解决方法在中等职业教育自身。因此，政府应通过调节矛盾的主要方面——中等职业教育自身，以适应双重需求的环境。[3]刘春生认为，我国目前面临严峻的职业教育与岗位需求不相匹配的矛盾。我们应开展以就业为导向的职业教育。以"就业"为导向的职业教育不是用眼前的就业率作为标准，而应把"就业"作为整个职业教育发展的关键环节。通过这个关键环节把政府、行业企业、学校和社会的各个方面贯穿起来。职业学校在办学目标上要以社会需求为指向，在办学定位上要以就业为

---

[1] 杨黎明.实现职业教育从"供给驱动"向"需求驱动"的转变[J].中国职业技术教育，2004（28）：13-15.

[2] 余秀华，邓国光，张翌名.职业教育分层次办学——从供给驱动到需求驱动[J].中国成人教育，2007（4）：7-9.

[3] 谢革新.中等职业教育发展困境的经济学分析与对策建议[J].教育学术月刊，2009（06）：83-85.

导向，其根本目的就是为国家培养数以亿计的适应社会需求的技术应用型专门人才和高素质劳动者。并且他还从社会学、经济学和教育学角度对以就业为导向发展职业教育进行透视。❶孙善学提出职业教育需求有两种，一种是满足经济社会发展对职业人才的需求；另一种是满足社会成员学习职业技能的需求。这两种需求都是职业教育的发展目标，表明职业教育在促进社会发展和人的发展上同等重要，并非相互对立。职业教育需求是推动职业教育发展的前进动力。职业教育通过人才供给满足职业教育需求，一方面是"增量供给"，以学历教育为主，为社会源源不断补充合格的技能型人才；另一方面是"变量供给"，以社会培训为主。职业教育改革的当务之急是"增量供给"和"变量供给"都要发展，职业教育发展的动力应从教育体系内的升学拉动向社会发展需求拉动转变。❷

综上所述，学者们都认为中等职业教育面临两种需求：一种是个体对中职教育的需求；另一种是社会对中职教育的需求，也就是企业对中职教育培养人才的需求。这两种需求都由中等职业教育提供供给，中等职业教育给个人提供教育机会，给社会提供教育产品。这两种需求相互依存，相互影响，个人需求影响社会需求，反过来社会需求也影响个人需求。对于应如何改善中等职业教育的供需矛盾，学者们认为中等职业教育面临的两种需求都要满足，采取的措施有以下几方面：加强政府宏观调控、发展以就业为导向的职业教育发展观、创新办学模式，发展模式从"供给驱动"型向"需求驱动"型转变，等等。

（三）中等职业教育需求的影响因素分析

中等职业教育和普通高中教育是我国高中阶段教育的两个组成主体，是学生完成九年义务教育后面临的首次教育选择。学生到底会选择哪种类型的教育受很多因素影响，为了更好地增强学生对中等职业教育的选择，我们必须清楚

---

❶ 刘春生，马振华，张宇.以就业为导向发展职业教育的多学科透视[J].中国职业技术教育，2005（9）：20-22.

❷ 孙善学.需求是职业教育发展的动力[J].职业技术教育，2012（6）：24.

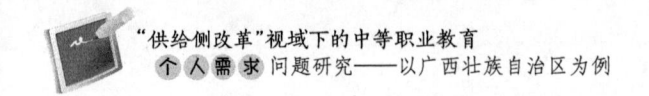

影响学生教育选择有的因素哪些。因此，哪些因素是影响中等职业教育需求的关键因素一直是学者关注的问题。他们希望通过对这些因素的剖析，找出主要影响因此，提出增强中等职业教育需求的对策。

中等职业教育需求的影响因素，国内外学者主要提出的有经济因素、社会因素、文化因素、家庭因素、学校因素、个体因素等。有些学者选择多个因素做全面分析，有些学者只对单一因素做了深入分析。

国外学者对中等职业教育需求影响因素进行了多方面的探讨，他们主要是分析哪些因素影响初中生毕业后的教育选择。例如，Moenjak 和 Worswick 认为，职业教育在泰国越来越不受欢迎了，并且学生的教育选择会受到学生学业成绩、家庭社会经济状况以及居住地特征等因素的影响。[1] Aypay 认为，土耳其目前有60%的学生上普通教育，40%的学生上职业教育，而他们的目标是35%的学生上普通教育，65%的学生上职业教育。德国教育选择的指导和定位是民主化的，不受学生的家庭和社会地位的影响，而严格依据学生能力。在土耳其，职业教育很受家庭和社会地位影响，具体影响因素有：性别、家庭社会地位、学习成绩、家庭的居住地（农村或城市）、父母的期望，并且来自农村的孩子更倾向选择职业教育。[2] Kauppinen 通过对荷兰首都赫尔辛基的调研，利用 logistics 回归方法，强调了社区因素对学生职业教育和学术教育选择的影响。社区因素主要指在这个区域内15岁以上人的受教育水平，并且社区因素通过学校因素为中介变量对学生教育选择产生影响。社区因素对教育选择的影响是非线性的，而学校因素对学生的教育选择是线性的。[3] Busemeyer 和 Jensen 将文学与社会学研究相结合，以欧洲几个国家的学生为调查对象，利用多层回归

---

[1] MOENJAK T, WORSWICK C. Vocational education in thailand: a study of choice and returns[J]. Economics of educatioh review, 2003（22）：99-107.

[2] AYPAY A. The tough choice at high school door: an investigation of the factors that lead students to general or vocational schools[J]. International journal of educational development, 2003（23）：517-527.

[3] KAUPPINEN T M. School as mediators of neighborhood effects on choice between vocational and academic tracks of secondary education in helsinki[J]. European sociological review, 2008（3）：379-391.

的方法，认为个体对学术教育还是职业教育的选择与教育背景息息相关，但是这种关系同时又受到宏观的教育制度和经济协调程度的影响。❶Dustmann追踪了60年中德国家庭的父母背景与孩子教育选择的关系，他的研究认为，父母的教育背景、职业地位和孩子小学毕业后的教育选择以及以后的学业成绩有很强的联系，并且这种关联最终也会导致他们未来收入的潜在差异。❷Alexandre和Hong认为越南是一个深受儒家文化影响的国家，学生职业教育的选择与家庭因素息息相关。以往的研究认为学生选择职业教育是因为经济因素，但现在学生是否选择职业教育更注重未来的经济收益、未来的社会地位等因素。相对社会资源比较丰富的家庭的孩子倾向于选择普通教育，并且他们也能得到更多的资助。❸还有一些学者基于美国调研的数据得出结论，孩子在学校的早期成绩与家庭的收入无必然的联系。❹❺但Maurin指出，利用法国调研的数据和新的研究工具，得出不一样的结论。他指出，父母的收入比起孩子的性别和年龄对其学业成绩影响更大，如在法国，政府给穷人更多的财政资助会对孩子的学业成绩有很大的影响。❻

国内学者对中等职业教育需求影响因素进行了较深入的探讨，这些研究多是参照高等教育需求影响因素的分析，如钟宇平和陆根书、丁小浩、李文利、郭丛斌、李春玲和代新玲等都对高等教育需求的影响因素做了较全面的研究。

---

❶ BUSEMEYER M R, JENSEN C. The impact of economic coordination and educational institutions on individual-level preferences for academic and vocational education[J]. Socio-economic review, 2012（10）: 525–547.

❷ DUSTMANN C. Parental background, secondary school track choice, and wages[C]. Oxford Economic Papers, 2004: 209–230.

❸ Alexandre Dormeier Freirea and Hong Trinh Giangb. The role of family in vocational education and training choices: a case study in Vietnam[J]. International studied in sociologic of education, 2012（3）: 237–257.

❹ MAYER S. What money can't buy: family income and children's life chances[M]. Cambridge: Harvard Press, 1997.

❺ SHEA J. Does parent's money matter?[J]. Journal of Public Economics, 2000（2）: 155–184.

❻ ERIC M. The impact of parental income on early schooling transitions: a re-examination using data over three generations[J]. Journal of public economics, 2002（3）: 301–332.

借鉴他们的研究，对中等职业教育需求影响因素研究的有以下学者及其成果。王婷以甘肃省农村初中和高中阶段农村家庭的教育决策为研究对象，分析了农村家庭教育决策的影响因素。因为甘肃是我国经济发展比较落后的西部省份，可以更好地反映农村真实的状况。她的研究结果表明：父母亲受教育年限、家庭经济收入、机会成本、学校质量、孩子的年龄和性别，家庭离学校的距离以及公共教育支出都是影响农村家庭教育决策的主要因素。❶赵崇铁以福建省8所中职学校的学生家长为调查对象，研究发现农户子女的决策影响因素有内在和外在两种影响因素。内在影响因素包括农户子女中职教育决策行为态度、农户子女中职教育决策主观规范、农户子女中职教育决策行为知觉控制；外在影响因素包括农户家庭资源禀赋、中职教育成本收益、子女学业成绩。❷黄斌、徐彩群、姜晓燕通过对浙江、安徽、山西三省957名农村初三学生的调研发现，学业成绩是影响个体选择中职和普通高中最主要的因素，其次是家庭收入、家庭财产。此外还得出结论，一个家庭中所占有社会资本的数量对于农村学生在中职与普高之间的选择意愿无显著影响；财政资助信息对学生在普高与中职之间的选择意愿也无影响。❸刘燕花以杨凌示范区农户中等职业教育投资意愿为典型研究对象，通过对农户中等职业教育投资意愿全面的、系统的、多角度的考察，发现影响农户中等职业教育投资意愿的主要因素有：鄙薄职业教育的社会观念、教育功利主义、城乡二元结构、农民中等职业教育学生的就业前景、中等职业教育的办学质量、职业教育经费等。❹2008~2010年，中国教育财政科学研究所在西部地区41个国家级贫困县的农村初中学校开展调查，本次调查对象是2216名初中二年级学生，调查发现，学生教育选择的重要影

---

❶ 王婷.中国西部农村教育成本——收益与家庭教育决策的实证研究[D].北京：中国农业科学院，2009.

❷ 赵崇铁.农户子女中等职业教育决策行为研究——以福建省为例[D].福州：福建农林大学，2011.

❸ 黄斌，徐彩群，姜晓燕.中国农村初中学生接受中职教育的意愿及其影响因素[J].中国农村经济，2012（4）：47-56.

❹ 刘燕花.农户中等职业教育投资意愿分析——以杨凌示范区为例[D].杨凌：西北农林科技大学，2009.

响因素是家庭收入水平和学生的学业成绩，国家助学政策的实施对他们的教育选择没有起关键性作用。[1]周正全面分析了影响个体选择中等职业教育的因素，主要包括制度因素、组织因素、家庭因素三个方面。制度因素是指国家政策和文化观念等；组织因素是指学校因素；家庭因素是指学生家庭的经济能力，社会地位等。这些都影响学生对职业教育的选择。[2]

王海燕选取广西8个市的初中学校为调查对象，研究发现，广西中等职业教育个人需求不足现象较严重，主要影响因素是家庭经济水平、父母教育水平与职业、对中等职业学校的了解程度、学习能力、未来期望、个人基本特征等，其中影响最大的因素是个人学习能力与个人未来期望。[3]彭海霞以湖南某市为调查对象，调查了普通高中的学生和职业高中的学生。研究发现教育成本与收益、社会资本和文化资本共同影响农村学生对职业高中与普通高中的选择，其影响程度由大到小依次为文化资本、社会资本和教育收益。[4]杨永康以江苏和安徽的农户子女为调查对象，分析了影响他们高中阶段教育选择的经济和非经济等约束因素。具体影响因素包括家庭特征因素、子女特征因素、社区经济因素以及与学校教育相关的因素等。研究发现，从家庭因素的角度来分析，父母受教育水平、家庭子女个数以及子女性别等对教育决策具有显著影响，而家庭经济能力的影响作用正在逐步弱化；从社会因素的角度来分析，人均高中花费以及各地区人均财政支出对教育决策具有显著影响，此外，当地劳动力就业市场状况对家庭教育决策也具有一定的影响。[5]高一子利用在吉林省农村地区采集的近300户家庭及其成员的数据资料，分析家庭教育选择行为的影响变量，包括家庭特征、儿童个人基本特征、学校基本特征、家庭所在社区

---

[1] 谢湘.上中职成为农村初中生最不情愿的选择[N].中国青年报，2011-05-30（11）.
[2] 周正.谁念职校：个体选择中等职业教育问题研究[M].北京：教育科学出版社，2009.
[3] 王海燕.广西中等职业教育个人需求影响因素实证研究[D].南宁：广西大学，2003.
[4] 彭海霞.农村学生高中阶段普通教育与职业教育选择影响因素研究——基于对湖南L市（县）的调查[D].贵阳：贵州师范大学，2009.
[5] 杨永康.农户子女高中阶段教育选择研究——来自江苏和安徽的数据[D].南京：南京农业大学，2009.

-27-

特征。[1]李兰兰、成刚采用2007年在湖南省某县初中学生调研数据分析，研究得出上中职的成本降低、收益增加都会增加初中生选择中职的意愿，并且收益的影响大于成本的影响。其次，中考成绩、父亲受教育程度、父母亲的职业、家庭耐用品指数、学生户口所在地也是影响学生选择中职教育的主要因素。[2]史耀波、于睿、王书玲认为，影响中职教育需求的因素有中职教育的机会成本、中职教育的市场收益回报和中职教育的升学途径三个。[3]于洪姣通过对河南、江苏、广州5000多名中职学生进行调研，认为社会观念、农村基础教育质量不高、家庭经济基础、资助政策等因素是学生选择职校的原因。[4]张智敏通过对武汉市下面的一个村镇中学调研，发现在读初中学生对职业教育的需求实质上是一种倾向性的需求。在读初中学生的年龄、家庭经济负担能力、父母的职业和社会地位、就读职业技术学校是否对职业流动产生有利影响等，都对在读初中学生选择就读职校产生影响。[5]

为了更深入地分析学生对中等职业教育选择的影响因素，有的学者只选取一个方面做细致的研究，选取的研究因素主要集中在社会因素、经济因素、学校因素。

单独研究社会因素的有：张力跃从社会结构分析农民职业教育选择的原因，提出社会结构包括社会分层、职业结构、劳动力市场结构，这三个因素都对农民职业教育选择产生影响，并在不同程度上制约了农民的选择热情。[6]单靖舒选取辽宁省锦州市的三所中职院校一年级学生为样本，发现影响锦州市学

---

[1] 高一子.影响经济欠发达地区农村家庭普通高中教育选择因素的经济学分析——以吉林省农村为例的实证研究[D].长春：东北师范大学，2007.

[2] 李兰兰.初中学生对高中阶段入学选择实证研究[J].职教论坛，2009（32）：8-10.

[3] 史耀波，于睿，王书玲.农村中等职业教育需求的影响因素和政策选择[J].未来与发展，2013（6）：99-103.

[4] 于洪姣.学生选择中职学校原因的实证研究[J].职业技术教育，2010（22）：40-43.

[5] 张智敏，唐昌海，姚延芹.影响农村人口职业技术教育需求的因素分析[J].中国农村经济，2007（3）：21-31.

[6] 张力跃.我国农村职业教育困境研究——从社会结构和农民对子女职业教育选择的关系视角[D].长春：东北师范大学，2008.

生选择中职教育的因素有社会网络因素和非社会网络因素。❶白娟以上海城市新移民的孩子为例，通过对4个孩子初中毕业后的教育选择研究，发现家庭社会因素（包括亲子关系、父母期望、学业帮助、教养子女方式、父母关系）的强弱往往决定了这些孩子在面对危机时能否成功地适应，并寻求到更好的机会与出路，同时家庭社会资本的作用更为重要，决定着经济资本能否转化为孩子的人力资本。❷庄西真认为，当前学生对职业教育的选择受多种因素影响，其中社会结构和个体选择是重要的影响因素。社会结构对职业教育的影响是隐性的，并不产生直接作用，它主要通过干预个体选择来间接影响职业教育发展。社会结构主要包括阶层结构、职业结构、劳动力市场结构。❸张娟以山西省的职业学校为例，研究发现中职生家庭社会资本一般是低起点，低层次，社会资本网络构成单一、分布集中、网络顶层整体处于社会中低位层次，并且社会网络是同质性多于异质性，因此中职家庭社会资本特征与中职生教育选择行为存在一定的相关关系。❹

单独研究经济因素的有：陈胜祥按照经济学的分析思路，把学生家长作为理性经济人，通过比较人们教育选择行为的成本和收益来分析他们的教育选择，最后得出成本和收益是影响人们选择中等职业教育的重要因素。❺申家龙认为，职业教育成本高低对个体及其家庭对职业教育的选择产生重要影响。这些成本包括直接成本和间接成本，直接成本一般是指学费等，而间接成本是指"放弃收入"成本、工作寻找成本、深造机会丧失成本、"婚姻机会"成本等。他还指出，间接成本比直接成本对个体是否选择职业教育影响更为关键。❻陈

---

❶ 单靖舒.学生选择中职教育的影响因素分析——以锦州市为例[D].上海：上海师范大学，2013.

❷ 白娟.城市新移民孩子：家庭社会资本视角下的初中后教育选择[D].上海：华东师范大学，2009.

❸ 庄西真.社会结构与个体选择：职业教育发展的双重影响[J].职业技术教育（教科版），2006（1）：15-18.

❹ 张娟.家庭社会资本影响中职生教育选择的问题研究[D].重庆：西南大学，2008.

❺ 陈胜祥.中职生源相对减少的经济学分析[J].职教通讯，2005（8）：17-20.

❻ 申家龙.农村职业教育的个人教育成本及其影响分析[J].职业技术教育（教科版），2004（28）：50-52.

小平以陕西省职业院校的学生和农村青年为调查对象,构建影响陕西农村青年职业教育决策的经济因素的经济模型。研究发现影响因素为:家庭收入、家庭支出、家庭积蓄、学习成本、预期未来收益、教育投资倾向、政府经济支持。影响顺序为,职业教育的预期未来收入,学习的各种成本、家庭预期收入、家庭周期性支出、职业教育投资倾向、家庭财产储蓄、家庭财政支持。[1]

单独研究学校因素的有:龚海珍通过对浙江省11所中等学校(包括2所高中,3所初中和8所职业中学)开展调研得出,影响农村青少年教育选择的学校因素主要包括职业学校的社会声誉、职业学校的培养质量、职业学校的专业设置、职业学校的文化因素,并且这四大因素在影响农村青少年职业教育选择过程中相互作用、不可分割。[2]

综上所述,当前学术界关于个人对中等职业教育选择影响因素的研究逐渐丰富,既有依据基本理论进行的定性研究,又有利用调研数据和经济模型进行的定量研究;既有全面分析各种影响因素,也有选择单一因素做深入分析。他们研究的影响因素中,大都包括了经济因素、社会因素、家庭因素、个体因素等,只不过不同的学者对各种因素的指标选择不一样,因此,他们的结论也具有较大的差异。有的学者认为学业成绩是最主要的影响因素,有的又认为文化观念是最主要的影响因素;有的认为经济因素对学生的教育选择影响很大,有的又认为经济因素的作用正逐渐弱化;有的认为公共财政支出对学生选择有影响,有的又认为政府资助政策并不起决定性的作用。尽管这些研究结论不一,但都试图告诉我们,要想增强中职教育的需求,应从这些主要影响因素入手。

(四)增强中等职业教育需求的改革或建议

高校扩招使中等职业教育面临外在压力,招生并轨,中等职业教育不再包分配,就是在这样的内忧外患中,中等职业教育从此走上下坡路。为了扭转这

---

[1] 陈小平.农村青年职业教育选择的经济因素分析——陕西省为例[D].咸阳:西北农林科技大学,2006.

[2] 龚海珍.学校因素对农村青少年职业教育选择的影响研究——基于浙江省的实证调查[D].金华:浙江师范大学,2013.

种局面，我国政府提出了很多改革措施，学者们也基于自己的研究提出了很多建议。这些改革和建议，一部分属于中等职业教育"需求侧"改革的建议，另一部分属于"供给侧"改革的建议。从整体上来看，我国职业教育采取的是"需求侧"的改革思路。

1. 中等职业教育"需求侧"改革的建议

为了扩大中等职业教育规模，促进高中教育阶段普职结构合理，政府依据学者们对中等职业教育影响因素的研究和我国的现实状况，采取了一系列措施促进中等职业教育需求的发展。主要措施或建议有以下几方面。

第一，政府通过行政命令，扩大中等职业教育规模。为了扩大中等职业教育规模，促进职业教育结构合理，政府制定政策，规定中等职业教育与普通高中教育招生规模大体相当。这个政策早在1985年《中共中央关于教育体制改革的决定》中就首次提出，之后的很多文件，如1993年出台的《中国教育改革和发展纲要》的实施意见，《国家中长期教育改革和发展规划纲要（2010~2020）》等都强调了这个政策。其次，政府对中职学校的招生门槛下降，推荐中职学校可以采取注册入学的形式，以吸引生源。2002年，教育部颁布《关于做好2002年中等职业学校招生工作的通知》，规定各类中职招生学校可根据各自的办学特点采取提前招生、自主招生、推荐注册入学、集中录取、多次录取等招生形式，实行灵活多样的招生录取办法。这些措施都是为了扩大中职招生规模，在实施初期，对中等职业教育的发展起到了一定的促进作用。但在实施的过程中，也出现了很多问题，其中最严重的就是中职教育招生市场混乱，引发"有偿招生"问题。为了招到学生，完成政府下达的命令，很多教师和中介机构经常不以学生真实发展能力为依据，甚至采用欺骗的手段让学生选择中等职业教育。这种现象的出现和泛滥，不但破坏了公平竞争的招生工作秩序，提高了办学成本，也制约了整个职业教育的健康发展，给社会带来极其不良的影响，以至于有人将"有偿招生"称为"买卖学生""人口贩卖"。为此，国家采取了一定政策遏制此种现象的发生，并取得了一定的成效，但中职教育的吸

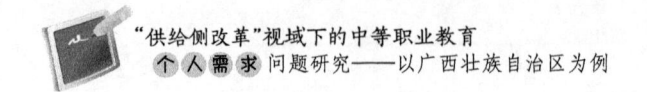

引力仍然没有提高。

第二，政府实施中等职业教育助学金政策和免学费政策来扩大中等职业教育规模。多数学者提到经济因素是影响学生是否选择职业教育的一个主要因素，经济因素既指学生上学的成本和收益，也可指家庭的收入。国家实施的助学金和免学费政策就是希望减少学生上学的成本，以增加学生的收益，这样起到刺激学生需求的目的。但政策执行的效果如何？一些学者提出了否定的观点，如陈胜祥调研了江西省鄱阳县农村初三的学生，发现中职免费政策在短期内提高了农村初中毕业生对中等职业教育的选择。但从长期来说，这一政策对于刺激农村家庭对中职教育的需求具有局限性。[1]冉云芳深入农村，以重庆市Y县、湖北省H县、山东省J市、浙江省L市四地的农村家庭为调研对象，也发现农村家庭对中职教育的需求不高，家庭总收入与学生的需求意愿呈负相关，整体上"免补政策"对学生的需求刺激作用比较有限。[2]王星霞从公共政策运行的实践来看，中职教育免费政策一个目的是促进中职招生、保持高中阶段教育普职比大体相当；另一个目的是以此推进教育公平。现实情况表明，中职免费政策并没有达到提高中职教育吸引力的政策目的，也没推进教育公平。[3]王蓉认为中等职业教育助学金和部分学生免学费政策目标有三个：一是教育扩张政策，扩大中职招生人数；二是优化教育结构的政策，促使普通教育和职业教育均衡发展；三是经济政策，推进我国走新型工业化道路，调整产业结构、促进就业再就业的重大举措。但这三个政策目标都没有充分实现。[4]这些研究表明，政府用经济手段采取的刺激个人需求政策，其作用比较有限。

第三，塑造重视职业教育的文化环境。很多学者都提到了文化观念对学生

---

[1] 陈胜祥，王秋萍.农村中职免费政策对农村初中毕业生教育偏好的影响——以江西省鄱阳县为例的调查研究[J].河北师范大学（教育科学版），2009，(3)：88-92.

[2] 冉云芳，王一涛.中职"免补政策"对农村家庭教育需求的影响分析——基于一项跨省区的田野调查[J].职教论坛，2011，(6)：33-36.

[3] 王星霞.中等职业教育免费政策评估研究[J].教育发展研究，2012（17）：25-29.

[4] 王蓉.应放缓全面实施中等职业教育免费政策[J].教育与经济，2012（2）：1-6.

选择职业教育的影响，如陈胜祥、于洪姣、刘燕花、王海燕等。他们认为，学生和家庭以及社会对职业教育存在鄙薄的观念，改变观念才能改变人们对中等职业教育的不平等的态度。所以，政府应加强对中等职业教育的宣传力度，突破传统观念的束缚，重点改变对职业教育是次等教育的偏见。如通过网络媒体、报纸杂志等渠道传达中等职业教育的政策，尤其加强在农村地区的宣传，加深他们对职业教育的认识，了解职业教育的教学思路和培养目标，使广大家长和学生改变传统的教育思想，重新认识职业教育，并根据自己的实际情况进行理性的教育选择。

2. 中等职业教育"供给侧"改革的建议

从中等职业教育"供给侧"提出的改革措施并不是要求扩大中等职业教育规模达到立竿见影的效果，它是从供给主体出发，通过供给方式、供给结构、供给质量的改善，最终达到增加中等职业教育的需求。有关"供给侧"改革的措施与建议主要集中在以下三个方面：一是供给方式改革，主要指供给方式应多元化，加强校企合作，加强职教集团的发展等；二是供给结构改革，主要指学校适应市场需求，调整专业结构，构建普职沟通的体系，提升供给层次等；三是供给质量改革，主要指提升学校服务质量，满足学生需求等。本研究关注的是中等职业教育个人需求，供给结构与中等职业教育社会需求相联系，所以下面只对供给方式和供给质量的研究作一梳理。

第一，改革中等职业教育供给方式。赵秋兰以公共产品理论、人力资本理论和教育成本分担与补偿理论为基础，提出建立多元化的职业教育供给体系，是我国职业教育改革发展的关键措施，也是职业教育适应现代社会发展需求的重要保障。多元化职业教育供给体系体现在供给主体多元化，包括政府供给机制、行业和企业供给机制、民间教育集团供给机制和个人供给机制。[1]董仁忠利用公共产品理论，把职业教育产品分成了四种类型，并分析了每种产品在供给上存在的问题。他指出这些问题存在的主要原因是政府和市场的关系处理不

---

[1] 赵秋兰.职业教育多元化供给的理论、原则和机制构建[J].教育与职业，2015（21）：5-8.

当所致，提出应建立健全逐步加大公共财政投入的职业教育制度；积极探索职业教育公共产品供给的市场运行机制；增强企业的社会责任，扩大职业教育俱乐部产品供给；加强统筹管理，重构职业教育私人产品供给管理制度。[1]贺书霞通过分析我国职业教育在学历和非学历职教供给方面的困境，指出其主要原因是职教供给与职教供求原则偏离、职教发展缺乏良好氛围、市场需求导向功能不强、职业教育供给低效等因素的影响。她提出应构建社会、职业学校、企业和个人多元参与的高效职教供给体系。[2]陈福祥提出了公共性职业教育培训有效供给的衡量原则是数量均衡、质量满意、结构合理、公平优先、兼顾效率。他指出了我国公共性职业教育培训供给还存在一些问题，应当引入多中心治理机制、实现多维度覆盖、引入市场化的激励机制和学习成果的多样化认证。[3]由此可见，中等职业教育供给方式的研究，学者们多是基于公共产品理论来分析中等职业教育产品属性，并一致认为构建政府、社会、职业学校、企业和个人多元主体供给模式是职业教育未来的发展趋势。但中等职业供给方式该如何选择，哪种类型的供给方式比较有效率，哪种类型的供给方式能更好地满足学生的需求，这些问题都没有进行深入和细致地分析。

第二，提高中等职业教育供给质量。多数学者对于中等职业教育扩大规模的对策都会提到提高教育质量这一点，但大都是泛泛而谈，具体如何提高学校服务质量，重点提高哪些方面质量都没有细致研究。仅有一些学者通过衡量学生满意度高低来评价中等职业教育的服务质量，并据此提出了学校改进质量的具体建议。如魏慧敏以自编中职生教育服务质量满意度问卷为研究工具，以16省30所中职学校在校生为调查对象，对学校供给的服务质量进行了衡量。研究结果表明，影响中职教育服务质量各指标中最关键因素分别是创新教育开展情况、学校订单培养情况、教师对学生生活指导情况、学校收费情况、学校

---

[1] 董仁忠.职业教育供给：在政府与市场之间的选择[J].教育学报，2009（5）：121-128.

[2] 贺书霞.职业教育供给多元合作模式构建：供给有效性提升研究[J].职业技术教育，2013（19）：9-13.

[3] 陈福祥.公共性职业教育培训的有效供给——基于制度分析的视角[D].重庆：西南大学，2011.

餐饮及卫生条件、组织学生参加社会实践情况、创业能力训练情况。因此，学校要从这些方面加强服务质量。❶董仁忠以东部发达地区城市中等职业学校为研究对象，调查结果显示，中职学生整体满意度较低，影响了中职教育的进一步发展。因此，为推进中职教育改革与发展，提升中职生满意度，学校转变传统应试教育模式，引导学生形成正确的职业导向；完善校内实习实训设施，加大中职生企业实习实训力度；优化职校专业课程设置，突出专业课教材的职业针对性；密切职校与社会的联系，探索有特色的职校生管理模式。❷

综上所述，学者们对中职教育供给质量的研究也比较少，并且供给的质量是否符合学生的需求，供给的质量与学生需求的质量之间的差异是什么，该如何更有效地改进供给质量，都没有作进一步的深入分析。

（五）文献述评

综上所述，无论是从宏观角度还是从微观角度，无论是从需求意愿还是需求结果来看，中等职业教育都呈现出需求不足的问题。针对这一问题，许多学者纷纷探讨影响中职教育个人需求的因素，因为中等职业教育需求与完成九年义务教育的学生在普通教育和职业教育之间选择直接相关，初中毕业生选择上中职学校的人多，其需求就充分。否则，需求就表现为不足。

基于此，学者们提出影响初中学生选择职业教育还是普通教育的因素包括：经济因素、社会因素、文化因素、家庭因素、个体因素、学校因素等。对这些因素的探讨都是为了找出主要影响因素，以便提出对策来增强中职教育需求。这些学者们的研究成果给出了不一样的结论，有学者认为经济因素是主要因素，有学者认为社会因素是主要因素，有学者又认为文化因素是主要因素等，也有学者认为是多种因素的综合影响。因此，学者们提出的建议也有区别，一种是中等职业教育"需求侧"改革的建议，另一种是中等职业教育"供

---

❶ 魏慧敏.中等职业教育服务质量现状分析与对策研究——基于学生满意度的调查研究[D].秦皇岛：河北科技师范大学，2013.

❷ 董仁忠，刘新学.中职生满意度调查报告——以南宁市若干中职学校267名中职生为样本[J].职业技术教育，2012（1）：34-38.

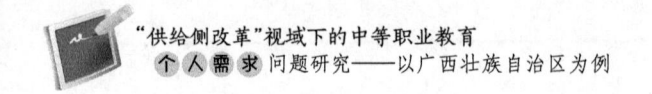

给侧"改革的建议。

中等职业教育"需求侧"改革从需求主体出发，以政府调控为主，通过行政命令和经济手段来刺激需求，进而增加中等职业教育规模。如政府规定中等职业教育招生规模与普通高中招生规模大体相当；政府对中职学校实施免学费政策；政府加大宣传力度改变人们对职业教育的认识等。这些措施效果如何？从统计数据分析和学生的需求意愿调查，中职教育仍然面临招生困境。

中等职业教育"供给侧"改革从供给主体出发，通过创新供给方式、提高供给质量等手段，促进中等职业教育发展。提出"供给侧"改革的措施很多，主要集中在供给方式、供给结构和供给质量三个方面。但中等职业教育这方面研究成果较少，仅有的一些研究，也都是泛泛而谈，缺少具体和深入的分析。如学者们都一致认为供给方式走向多元供给是中等职业教育供给的未来发展趋势，但中等职业供给方式该如何选择，哪种类型的供给方式比较有效率，哪种类型的供给方式能更好地满足学生的需求，这些问题都没有深入分析。对供给质量的研究，更是缺少针对性。目前我们应从哪些方面提高学校供给的质量？学生满意的服务和学生需要的服务是否一致？这些问题都缺少更深入和细致的研究。因为，找准中等职业教育供给质量存在的关键问题，才能更有针对性地对中等职业教育质量对症下药。

中等职业教育"需求侧"改革曾经使中等职业教育创造辉煌，但如今它发展受阻，高中阶段普职比失调，职业教育仍然不受老百姓欢迎。因此，本研究依据新供给经济学理论，从中等职业教育"供给侧"入手，通过分析供给方式和供给质量对需求的影响，从"供给侧"提出改革措施，更好地促进中等职业教育可持续发展。

五、研究方法

（一）文献法

通过中外数据库、图书馆、学术会议等广泛收集国内外相关资料，包括专业书籍、期刊论文、会议论文、硕博士毕业论文等。通过对现有资料的整理、分析和提炼，并系统梳理国内外有关中等职业教育需求的研究和供给的研究，可以把握该研究领域的最新动态，收集可供借鉴的学术观点和案例数据，并据此形成本研究要探讨的具体问题和依据的理论基础。

（二）问卷调查法

本研究问卷调查法主要是了解中职生对中等职业学校各项服务的满意度和教育需求情况。问卷编制是在参考国内外相关问卷和笔者前期调研的基础上，采取自编问卷《中职生调查问卷》。问卷包括两方面内容，一方面是调查中职生对中等职业教育的需求意愿；另一方面是调查中职生对学校各项服务的满意度和需求度情况。问卷发放的对象是广西地区十所中职学校。为了使样本更具代表性，笔者在桂西、桂东、桂北、桂南都选取了调研学校。通过对收集的问卷进行数据处理，从定量的角度分析供给质量与学生需求的关系。

（三）访谈法

根据文献分析和前期调查制定半结构式访谈提纲。本研究访谈对象主要是两个群体，一个群体是中等职业学校的中层管理人员或副校长，另一个群体是中等职业学校的学生。本研究调查了广西地区十所中职学校，每所学校访谈一位管理人员与十名学生。笔者与中职学校管理人员的访谈一些是面对面的访谈，一些是电话访谈，主要是了解该校近几年招生情况、学校的办学特色、办学优势和劣势、校企合作、职教集团建设、教育质量等情况。具体访谈提纲见附录。笔者与学生的访谈全部都是面对面的非正式访谈，是笔者去学校调研的过程中，在课间与学生通过非正式的聊天随机进行，同时配合观察法来获取学生对中等职业教育的真实看法。

通过访谈法所获取的一手资料既是对问卷数据的补充和修正，也是对问

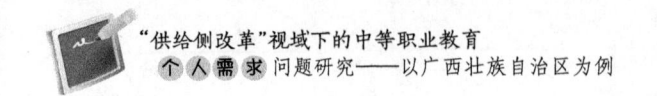

卷调查结果的一种补充解释和分析，可以最大限度地还原中等职业学校的发展状况。

（四）案例法

案例法也称案例研究或个案研究（case study），一般是选取某个特定案例对其进行深入地分析和探究，这种方法目前在教育领域广泛应用。教育领域的案例可以是有代表性的教育事件、学习个人、教师团体、学校机构或团体等，通过观察这些特殊案例的发展变化过程，并在这个过程中不断收集大量与研究对象有关的资料和数据。随后对收集的材料做进一步全面、深入、细致的分析，从中揭示特殊案例发展过程的特殊原因和基本规律，并依据各种材料分析，提炼出有价值的教育改进措施，完善研究对象发展。

本书重点选择的个案是广西地区三所中等职业学校和一个职业教育集团。这三所中职学校分别是政府举办的公办中等职业学校一所，企业举办的民办中等职业学校两所。民办职校选择两所，一所是办学成功的案例，一所是面临倒闭的案例，通过对比分析，找出民办职业学校的供给策略。本研究通过对案例的实地调查，可以帮助我们更全面地了解中等职业学校的供给方式，并在分析中，理论联系实际，找出问题，提出对策。

（五）比较研究法

本研究从比较的视野搜集了德国、美国、英国、澳大利亚、日本的中等职业教育发展概况，主要介绍这些国家在供给方式和供给质量方面的有益经验，包括这些国家政府、企业在中等职业教育供给中的责任以及他们质量保障体系建设，以期对我国中等职业教育的发展提供借鉴。

六、研究思路及结构安排

（一）研究思路

本书的研究思路，详见图0-2所示。

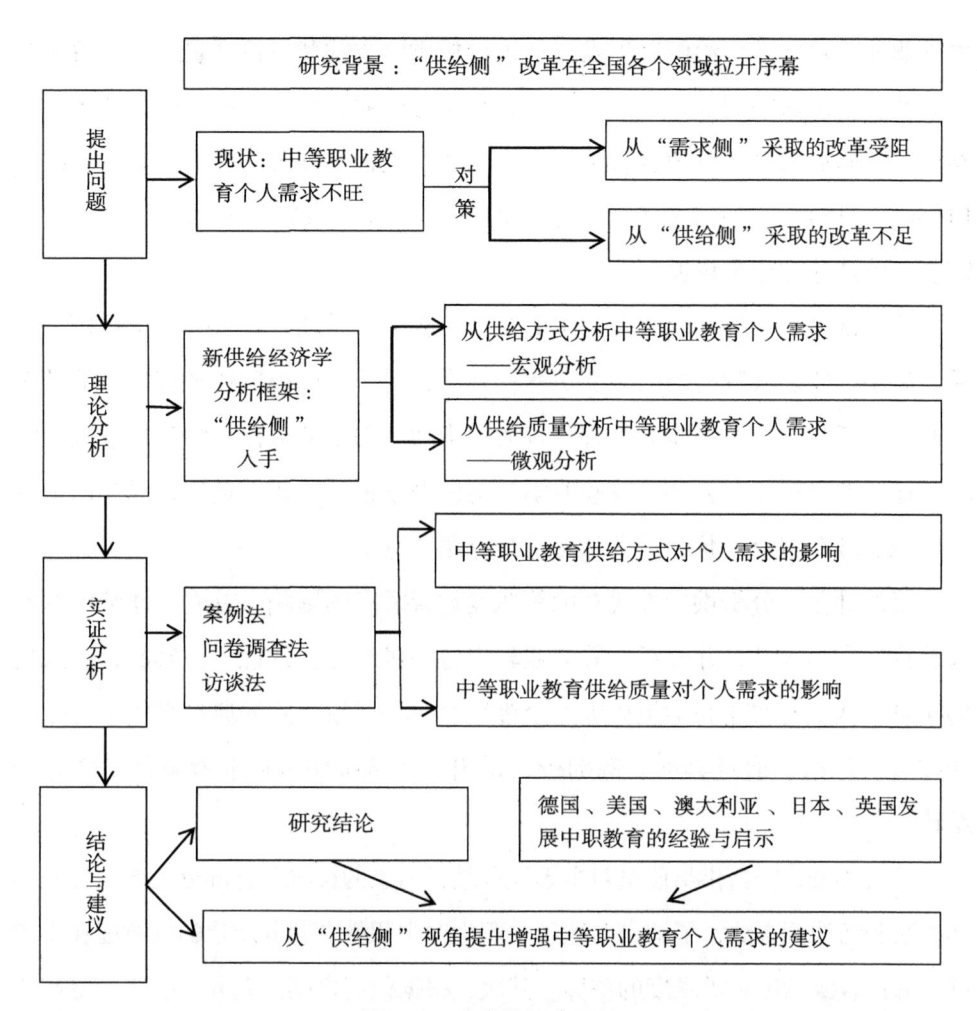

```
┌──────┐     研究背景:"供给侧"改革在全国各个领域拉开序幕
│提出  │     ┌──────────┐        ┌──────────────────┐
│问题  │────▶│现状:中等职│  对   │从"需求侧"采取的改革受阻│
│      │     │业教育个人需│  策   ├──────────────────┤
└──────┘     │求不旺    │       │从"供给侧"采取的改革不足│
             └──────────┘        └──────────────────┘

┌──────┐     ┌──────────┐        ┌──────────────────┐
│理论  │     │新供给经济学│       │从供给方式分析中等职业教育个人需求│
│分析  │────▶│分析框架: │──────▶│——宏观分析              │
│      │     │"供给侧" │        ├──────────────────┤
│      │     │入手      │       │从供给质量分析中等职业教育个人需求│
└──────┘     └──────────┘       │——微观分析              │
                                 └──────────────────┘

┌──────┐     ┌──────────┐        ┌──────────────────┐
│实证  │     │案例法    │       │中等职业教育供给方式对个人需求的影响│
│分析  │────▶│问卷调查法│──────▶├──────────────────┤
│      │     │访谈法    │       │中等职业教育供给质量对个人需求的影响│
└──────┘     └──────────┘        └──────────────────┘

┌──────┐     ┌──────────┐        ┌──────────────────┐
│结论与│     │研究结论  │       │德国、美国、澳大利亚、日本、英国发│
│建议  │────▶├──────────┤◀─────│展中职教育的经验与启示        │
│      │     │从"供给侧"视角提出增强中等职业教育个人需求的建议│
└──────┘     └──────────────────────────────────┘
```

图0-2 本书的研究思路

（二）论文结构安排

按照上述研究思路，本书共分六部分，具体内容如下：

第一部分，绪论部分。主要介绍研究背景，研究的目的和意义，文献综述，研究方法，研究思路和本书的结构安排。

第二部分，本书的理论基础。新供给经济学是我国一些学者基于中国经济的发展现状提出的一个新的经济理论，该理论重视"供给侧"改革，从"供给侧"发力解决经济增长的问题。本研究就是按照新供给经济学的分析框架，从中等职业教育的"供给侧"出发，通过分析供给方式和供给质量，最终解决中等职业教育需求的问题。公共产品理论是中等职业教育如何有效供给的理论依据。中等职业教育实行免费政策后，产品属性更接近纯公共产品。公共产品如何供给、供给主体如何选择、有哪些供给方式、怎样供给更有效等这些问题都需要公共产品理论做依据。

第三部分，中等职业教育需求的演变历程与现状调查。首先，梳理新中国成立后中等职业教育需求的演变历程；其次，对全国中等职业教育需求的情况做对比分析，包括中等职业教育与普通高中教育需求的对比，中等职业教育需求的地区差异对比；公办中等职业学校与民办学校的对比；最后，对广西地区中等职业教育需求现状和需求意愿进行介绍与分析。

第四部分，分析供给方式对中等职业教育需求的影响。首先，厘清中等职业教育的产品属性，并分析中等职业教育各种供给方式的优劣。其次，进入现场实景，从交易费用和学生需求两个维度对每种供给方式的典型案例进行分析和比较；最后，通过典型案例剖析，得出有效选择中等职业教育供给方式的结论。

第五部分，分析供给质量对中等职业教育需求的影响。这部分主要采用问卷调查法和访谈调查法，了解广西地区中职生对中职教育服务质量的满意度和需求度，并比较满意度和需求度的差异。其次，根据他们之间的差异，提出中等职业教育优先改革的服务项目，以便有针对性地提高学校供给的服务质量。

第六部分，结论与建议。首先，总结本研究结论。接着，介绍德国、美国、英国、日本、澳大利亚等国政府和企业在职业教育发展中的责任以及各国职业教育质量保障体系建设。最后，依据研究结论和发达国家发展中等职业教育的有益经验，从"供给侧"的视角，即从政府、企业和职业学校的角度提出增强中等职业教育个人选择的建议。

第一章 中等职业教育需求问题的理论基础

理论是进行研究的重要基础,对于同样的问题可能有多个理论可以选择,但每种理论解释的力度和角度不尽相同,对问题关注的重点也不一样。对于中等职业教育个人需求问题,很多学者多是从"需求侧"入手,探寻影响学生选择职业教育还是普通高中教育的因素,进而提出建议。本研究从"供给侧"入手,关注的重点是供给者,依据新供给经济学理论作为本研究的理论基础。其次,公共产品理论也是本研究的另一个理论基础,它为中等职业教育的有效供给提供理论支撑。

一、新供给经济学

新供给经济学是中国经济学者在对经济学理论的反思中应运而生的一种理论,它并非对西方"萨伊定律"或"供给学派"的简单复活,而是更加注重实际,主张从供给端发力服务全局,是经济学理论的中国创新。在2011年年初,我国的一些经济学者成立了"中国新供给经济学"研究小组,其运行几年来,国内100多位经济学的专业人士都参与或加入其中,并都认同新供给的理念。这些学者分析中国经济矛盾,并不断批判旧理论,吸收传统供给经济学、制度经济学、发展经济学、转轨经济学、信息及行为经济学等多学科的基础上构建起的"新供给经济学"理论分析框架。许多学者深深思索,力求努力探索,希望这些新经济理论对我国经济的发展提供了新的研究视角和研究思路。本研究为了方便,统一以"新供给经济学"来统称这些理论。

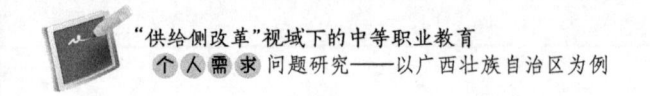

（一）新供给经济学的缘起

新供给经济学作为一门创新的经济学理论，并非空中楼阁，它是在古典供给经济学、传统供给学派的理论基础上发展形成的。它经历了两轮"否定之否定"的螺旋式上升过程。具体过程如图1-1所示[1]。

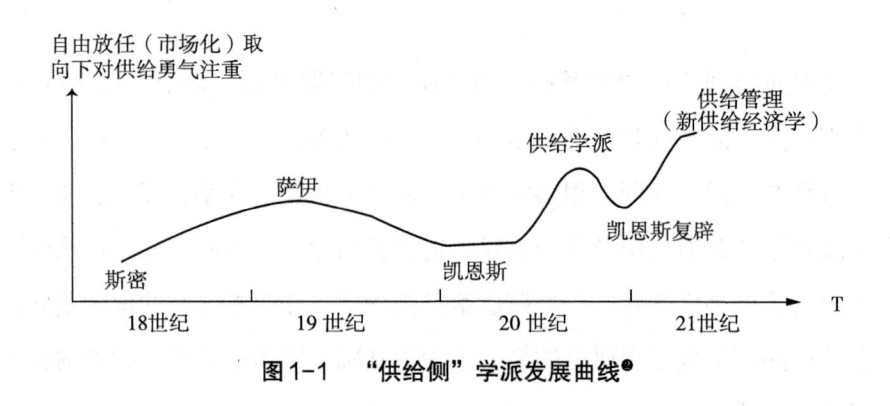

图1-1 "供给侧"学派发展曲线[2]

第一阶段：从"萨伊定律"到"凯恩斯主义"。

19世纪初，法国经济学家让·巴蒂斯特·萨伊提出了"萨伊定律"。按照萨伊的论述，"供给会自行创造需求"。"萨伊定律"在短缺经济条件下更有现实意义。但随后1929~1933年由美国爆发经济危机而引发的全球经济衰退，即"大萧条"，引发了人们对"萨伊定律"的深刻思考。1936年，英国经济学家凯恩斯出版了《就业、利息与货币通论》著作，发起了经济学研究范式和研究领域颠覆性转变。凯恩斯认为，供给不会自行创造需求，即企业的生产和人们的就业不会自动达到均衡状态，供给机制没有这样的能力，而这与"萨伊定律"完全背道而驰。当时，美国总统罗斯福颁布了"3R"新政，即复兴（recover）、救济（relief）、改革（reform），他主要运用宏观调控手段对经济运行

---

[1] 贾康，苏京春.探析"供给侧"经济学派所经历的两轮"否定之否定"——对"供给侧"学派的评价、学理启示及立足于中国的研讨展望[J].财政研究，2014（8）：2-16.

[2] 贾康，苏京春.探析"供给侧"经济学派所经历的两轮"否定之否定"——对"供给侧"学派的评价、学理启示及立足于中国的研讨展望[J].财政研究，2014（8）：2-16.

采取管制，并且这项新的经济政策对美国经济萧条起到了一定的遏制作用。它的成功实际上是从实践层面对古典自由主义提出了巨大挑战。凯恩斯在其著作《就业、利息与货币通论》中，将这些相关理论和经济逻辑归纳都写入其中，并得以广泛传播，其对"萨伊定律"几乎是全盘否定，这也标志着凯恩斯革命的成功和"萨伊定律"的灭亡。

第二阶段：从"凯恩斯主义"到"供给学派"。

20世纪40~60年代，经济学领域一直以凯恩斯主义为主导地位。美国以及欧洲大部分国家都采取了政府干预市场的办法，即凯恩斯主义的宏观管理，这些经济措施也为这些国家带来了近30年的繁荣。然而，到20世纪70年代，美国出现了一种新的经济危机——"滞胀"现象，它威胁着美国的经济发展并有可能席卷全国，同时中国的计划经济也严重缺乏活力。这种新的经济危机危害很大，一方面导致经济增长缓慢甚至停滞，引起国内大量失业；另一方面货币通货膨胀又不断加剧，它对凯恩斯主义提出了强烈的挑战，同时也宣告了凯恩斯主义辉煌时代的终结。经济学界对"滞胀"进行了大量的研究，产生了很多学派，其中最有代表性的是以亚瑟·拉弗等为代表的供给学派。供给学派重新肯定了"萨伊定律"的正确性，否定了凯恩斯主义在宏观调控中以"需求侧"作为主要视角的认识。❶这种思想被美国的里根政府所采纳，并提出著名的"经济复兴计划"。这项计划声称要摒弃凯恩斯主义的宏观经济调控政策，重新树立供给学派理论对美国经济的指导作用，并不断减少政府的干预。这项计划执行得非常顺利，等于表明供给派的理论非常正确，为美国经济恢复最初巨大贡献，也标志着"供给侧"学派对凯恩斯主义的第一次否定。

第三阶段：从"供给学派"到"凯恩斯主义复辟"。

里根时代的"供给侧"宏观调控，尽管取得了一定的成效，但是美国的宏观经济并没有像预期那样顺利增长，它出现了明显的副作用。美国当时与苏联的军备竞赛和大力推行的减税计划，使里根执政期间财政赤字非常严重，还导

---

❶ 贾康，苏京春.新供给经济学[M].太原：山西经济出版社，2015：16.

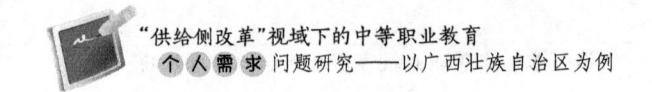

致利率攀升、外贸出现赤字。出现这么严重的问题美国一片恐慌，政府财政失去稳定性和连续性，巨大的经济压力使美国不知所措，在一定程度上为美国经济持续发展也带来了阻力。供给学派逐渐失去民心，由此引发了凯恩斯主义复辟浪潮，使美国政府又开始注重政府的宏观调控。后任的总统在吸取以往经济发展的教训中，一边采取供给侧措施，一边采取需求侧措施，双管齐下。但效果怎么样呢？采取什么措施呢？如减税来刺激供给，或节支来控制需求。国家为了保险还是采用宏观调控多一些，这样保险，这也就标志着凯恩斯主义复辟浪潮对"供给侧"学派发展的第二次否定。

第四阶段：从"凯恩斯主义复辟"到"供给管理"。

供给学派理论在实践中的失败使凯恩斯主义理论又一次占据了主流经济学的主导地位。保罗·萨缪尔森是一位非常伟大的经济学家，是代表人物，他倡导凯恩斯主义复辟，侧重国家宏观调控发展经济。他的思想源远流长，影响广泛，包括全球经济体以及我国的新兴经济体，这种影响一直延续到21世纪初。直到2008年美国金融系统爆发"次贷危机"，并以极快的速度影响欧洲各国，直接引发其陷入严重的主权债务危机，全球爆发金融危机。这时经济学界开始觉醒，认为凯恩斯主义管理经济有问题，发起了对凯恩斯主义的再次质疑，政府过多地干预市场并不是明智的经济发展政策。美国在此次金融危机救市政策中，实际上是从"供给侧"进行政策操作与结构性调整，明确地对本国宏观经济进行了强有力的"供给管理"，这标志着"供给侧"管理思想对凯恩斯主义的第二次否定。[1]

（二）新供给经济学的理论框架

新供给经济学不是建立在单一理论源流的基础上，而是开阔地建立在传统供给经济学、制度经济学、转轨经济学、发展经济学、信息及行为经济学所构

---

[1] 贾康，苏京春.新供给经济学[M].太原：山西经济出版社，2015：18.

成的"五维一体化"理论框架基础上（如图1-2所示）。❶

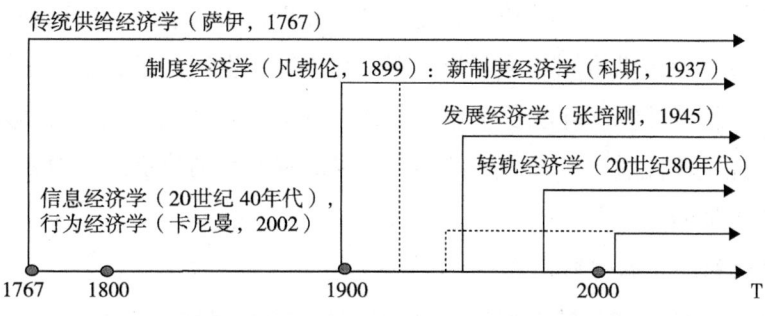

图1-2 新供给经济学"五维一体化"的框架及发展时间谱❷

1.传统供给经济学的供给侧考察

传统供给经济学的供给思想经历了萨伊定律——凯恩斯主义，凯恩斯主义——供给学派，供给学派——凯恩斯主义复辟，凯恩斯主义复辟——供给管理四个阶段，其中每个阶段的供给思想在上节已经详细介绍。供给思想在这四个阶段中不断融合和创新，呈螺旋式上升特点，最终形成了新供给经济学。新供给经济学超越了以往的"萨伊定理"和供给学派的认识，是对诸家思想的融合，这种融合绝非摒弃需求管理，而是注重需求管理和供给管理二者的融合。在二者融合的过程中，引入了发展经济学、制度经济学等成果。新供给经济学对供给侧的研究更注重制度经济学的分析方式，强调通过改善制度供给、优化经济结构、化解经济危机，进而谋求经济长期发展。所以说，思想的融合是"供给侧"学派不可或缺的一方。

2.制度经济学的供给侧考察

制度经济学主要从制度学派、新制度经济学和马克思主义制度经济学三个

---

❶ 贾康，苏京春."五维一体化"供给理论与新供给经济学包容性边界[J].财经问题研究，2014(11)：23-29.

❷ 贾康，苏京春."五维一体化"供给理论与新供给经济学包容性边界[J].财经问题研究，2014(11)：23-29.

方面来阐述"供给侧"的考察。通过对这些学派的理论综述可以发现,制度学派、新制度经济学提到的所有权、产权、交易成本、企业理论、制度变迁理论等,马克思主义制度经济学提到的经济制度分析,这些概念和理论都与需求侧不直接相关,而与供给侧关系更为紧密,与供给的生产链条、企业组织形式和边界、企业发展的制度环境及企业所处的宏观机制等直接相关。尤其是新制度经济学研究企业性质、生产的外部性、交易成本及其消除机制等内容,与供给侧的关联更加明显。❶

3.转轨经济学的供给侧考察

转轨经济学是指从计划经济一"轨"转入市场经济一"轨",经济学理论上称为转轨经济学或过度经济学。这个理论虽早有概念,但总体发展的理论体系不完整,可以看作制度经济学的一个分支。中国正处于"转轨"过程中,在这个过程中将面临诸多困难,亟须为我国设计具有针对性的过渡方案和制度安排的总体战略构想,力争稳定地渡过转型期。转轨经济学与实践紧密联系,我国如何顺利转轨,制度如何整体安排都需要进一步的研究。因此转轨经济学研究范式恰好与供给侧的制度供给紧密相连,这正是新供给经济学与转轨经济学的理论支撑点及相互结合的意义所在。

4.发展经济学的供给侧考察

发展经济学主要是研究农业国家工业化或后发国家现代化。它提出的标志性学说或模型,大致可将有关经济赶超西方理论分为六个阶段:后发优势理论、发展的后发优势理论、追赶假说、"蛙跳"模型、技术模仿函数和一般均衡模型。❷这些标志性学说或模型,都关注了供给侧的技术创新供给及其相关分析,也涉及制度供给的便捷性与相对低成本问题。这些都为新供给经济学提供了值得借鉴的有益启发。

5.信息经济学及行为经济学的供给侧考察

信息经济学研究信息对经济的作用和信息的成本和价格。行为经济学把心

---

❶ 贾康,苏京春.新供给经济学[M].太原:山西经济出版社,2015:42.
❷ 贾康,苏京春.新供给经济学[M].太原:山西经济出版社,2015:47-52.

理学的研究成果引入经济学,提出人的行为的不确定性。信息经济学和行为经济学为新供给经济学带来了启发。新供给经济学提出了"理性预期失灵"[1]概念,其主要包括三个层次:一是基于理性预期假设下的"柠檬市场"(lemon market 实际就是指次品市场);二是基于理性预期假设下的不完备信息市场;三是以"动物精神[2]"为代表的非理性行为。因此,信息经济学和行为经济学可以共同构成新供给经济学的第五维理论基础。[3]

(三)新供给经济学的核心观点

新供给经济学是经济学理论在中国的创新,它处于刚刚起步的阶段,尽管理论体系还不够成熟,还需进一步地完善和发展,但已基本形成了它独有的核心观点。

1. 针对目前中国的现实状况,力主从供给端发力服务经济

邓小平"南方谈话"后,中国经济不断发展,创造了许多奇迹,需求侧的管理也为中国的经济发展带来了辉煌。刺激需求是中国的国策,"三驾马车"是最好的手段和方法,满足需求,推动经济增长。但目前,中国经济停滞不前,是什么原因呢?需求侧管理出问题了。供给是经济发展的主要动力,如果供给(包括劳动力、资本、资源、技术、制度等方面供给)不足或无效就使经济无法持续发展。我们要转变方向,重新发展经济,从需求侧走向供给侧。[4]

2. 中国供给管理应以推动制度创新为切入点,把制度供给充分引入新供给分析框架

中国经济近几十年高速发展,创造了"中国奇迹"。这种"奇迹"表面上看也许是利用人口红利、实行改革开放、参与全球分工和竞争等改革措施,但

---

[1] 所谓理性预期失灵是指市场主体在对未来事件进行预测时,由于不完全竞争、不完全信息与不完全理性的影响,不可能给出完全准确的预期并据此调整自己的行动。

[2] 动物精神实质是指非沉稳的动机、情绪化本能式的非理性行为,与经济学中的理性动机相对应。

[3] 贾康,苏京春.新供给经济学[M].太原:山西经济出版社,2015:55.

[4] 贾康.新供给:经济学理论的中国创新[M].北京:中国经济出版社,2018:21.

实质是中国改革调动了相关经济资源的积极潜力。从计划经济到市场经济，中国改革不断创新，降低成本，提高经济效益，优化制度起到了主要的推力作用。因此，积极探索制度创新，把制度供给引入新供给的分析框架显得尤为重要。同时，不容忽视的问题是我国制度发展还存在许多不对称和不合理的方面。如企业制度、养老保险制度、教育制度等各行各业都存在不合理的制度制约着社会发展和经济发展。此外，我国的要素市场和基础能源、资源市场也严重扭曲，要素价格随意降低，从而粗放地促进经济增长。所以，我国应从根本上通过一系列的制度改革，释放各行各业的活力，积极努力化解制约我国长期发展和全要素生产率进一步提升的深层制度因素。目前，我国除了经济部门、产业、产能、产品、技术等结构方面的供给内容外，必须打开和不断创新"制度红利"，形成激发社会活力和潜力的有效制度供给。"制度红利"是中国未来十年、二十年最需要着力改善的因素，也是超越西方凯恩斯主义、供给学派两端的偏颇而正确发挥出"供给管理"优势的主要措施。只有不断优化结构、改善制度，最终我国才能成功地实现现代化。❶

3.经济发展的核心力量应从需求侧转向供给侧，新供给创造新需求

追根溯源，凯恩斯提出"有效需求"这一概念，是指总供给与总需求达到均衡时有支付能力的总需求，而由此产生了经济增长的"三驾马车"理论。"三驾马车"是指消费、投资和出口。传统宏观经济学理论认为有效需求总是不足，而"三驾马车"就是刺激消费，推动经济增长的核心力量。基于需求侧的"三驾马车"理论对我国的经济发展确实做出了巨大的贡献，但随着我国经济的持续增长，已经走到一个自身"潜在增长率"下台阶而矛盾凸显的新阶段，需求侧的管理已不能完全解决中国经济发展的很多问题。因此，新供给经济学提出，经济发展的核心力量应从需求侧转向供给侧，其主旨也就是从经济的供给侧发力，通过制度创新、结构优化，提高质量等一系列举措来提高供给

---

❶ 贾康.新供给：经济学理论的中国创新[M].北京：中国经济出版社，2018：52.

品质，形成"新供给创造新需求"❶。

（四）新供给经济学的政策主张

新供给经济学的政策主张可以粗线条总结为，建议着重从供给端入手推进我国经济实现"双创、双化、双减、双扩、双转、双进、双到位、双配套"❷。

（五）新供给经济学对本研究的启示

新供给经济学是我国学者立足我国国情现实基础上提出的新理论。"供给侧改革"是建立在新供给经济学基础上提出的改革措施。"供给侧"改革涉及社会的方方面面，对教育领域也带来了极大的冲击。新供给经济学研究小组对我国各个领域的供给侧改革提出了改革路线图，其中教育领域的改革目标和改革思路如表1-1所示。

表1-1 从供给端入手深化教育领域改革的路线图和时间表❸

改革事项	改革目标	改革思路	时间表
教育改革	形成多元办学机制。培育适应现代社会需要的各类人才。提升科研创新能力的职业专才培养能力。	深化教育改革，完善具有中国特色的现代教育体系，全面推进公平教育、素质教育和终身教育体系。 财政对教育投入占GDP的比重持续保持在4%以上。 将各级公立学校产权由教育部门划入国有资产管理部门，为教育"去行政化"创造制度前提。 确立双取消方向：公立大学取消行政级别；义务教育阶段公立学校取消"任校"机制。 引入外班、民资、个资参股公立学校，构建校董事会管理体制。 建立多元化人才培养机制。 部分中学可转型为职业发展技术学校，并培养农副产品加工、家电维修、中高端制造业、服务业等专门人才	2013年制定方案。 2014年出台实施

---

❶ 滕泰.更新供给结构、放松供给约束、解除供给抑制：新供给主义经济学的理论创新[J].世界经济研究，2013，（12）．

❷ 贾康，苏京春.新供给经济学[M].太原：山西经济出版社，2015：299-312．

❸ 贾康.新供给：经济学理论的中国创新[M].北京：中国经济出版社，2013：52．

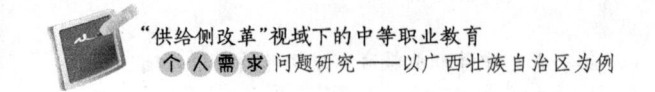

依据新供给经济学理论及教育改革目标，笔者认为新供给经济学对中等职业教育的引导有如下两点：

1. 中等职业教育应从"需求侧"改革转向"供给侧"改革

在经济转型过程中，中等职业教育发展为国家经济建设肩负着越来越重的技术型人才培养责任，同时也是助推高中教育普及化的重要组成部分。在中等职业教育的发展过程中，国家主要采取措施有：第一，不断扩大中等职业教育的规模。1985年《中共中央关于教育体制改革的决定》中首次提到，力争用5年左右时间，使大多数地区的各类高中阶段的职业技术学校招生数相当于普通高中的招生数，扭转目前中等教育结构不合理的状况。之后在很多文件中也多次提到扩大中职的招生规模，与普通高中教育规模相当。《国家中长期教育改革和发展规划纲要（2010~2020年）》又一次明确提出，今后一个时期总体上保持普通高中和中等职业教育招生规模大体相当。这实质是通过扩招的方式，政府用强制的行政手段增加学生对中等职业的消费，属于"三驾马车"中增加消费措施，是一种基于"需求侧"的政府调控方式。第二，不断增加对中等职业教育的投资。2007年6月，教育部、财政部联合印发《中等职业学校国家助学金管理暂行办法》，对全日制中等职业学校学生提供每年1500元的助学金。2010~2012年，连续三年颁布相关政策对中等职业教育实行全面免费。这实质是通过增加投资，减少学生入学成本来增加消费，属于"三驾马车"中增加投资的措施，也完全是基于"需求侧"的政府调控方式。扩招和投资的"需求侧"的管理方式对中等职业教育的发展如何呢？很多学者认为陷入一种尴尬局面：一方面政府出台许多激励政策，投入大量资金，试图刺激学生及家庭选择职业教育；而另一方面学生及家庭并不买账，很多家庭还是对中等职业教育抱有偏见，不愿意选择。依据2011~2014年统计数据分析，中等职业教育招生人数不断下滑。中职教育免费政策的出台，以及政府利用行政权力规划中等职业教育和普通高中招生规模1：1比例，实质都是按照经济领域的"三驾马车"理论来扩大投资和扩大消费。这两种发展中职的政策都是需求侧的管理方式，一种"大政府，小市场"的管理方式。但从上面的分析可以看出，这种需求侧的管理方式遇到障碍，效果不明显。依据新供给经济学理论分析，中等职业教育消费需求不足不应只从需求侧做文章，中等职业教育的长远发展应从供给侧入手，通过对其供给方面的改革来增加需求，通过新供给创造新需求实现中等职业教育供给和需求平衡机制。

2.中等职业教育的"供给侧"改革主要体现在供给制度创新、供给结构调整、供给质量提高，从而形成新供给创造新需求

针对中等职业教育"需求侧"改革效果迟缓，中等职业教育应把关注点转向"供给侧"改革。依据新供给经济学理论，中等职业教育应从制度创新、结构优化、质量提升来着手改革。供给制度的创新、供给结构的变化、供给质量的提高都是基于经济长远发展的供给管理，是一种"小政府、大市场"的管理模式。中等职业教育也应勇于改革，积极采取措施，从"供给侧"进行改革。

中等职业教育供给制度实质是指中等职业教育的各种供给方式如何进行合理的制度安排以实现资源优化配置的问题。每一种供给方式有其各自的优缺点和供给效率的差异。中等职业教育如何选择合理的供给方式，如何协调政府和市场的关系，形成多元主体供给，提高供给效率，这更需要创设合理的制度安排来实现。制度之所以需要创新，是因为现有的制度安排无法实现各方潜在的利益，表现为制度缺乏效率、利益分配不平衡、无法充分满足人们的需求等，从而引发行为者对新的制度安排的需求。因此，如何提高效率，创设出合理的制度安排，不断优化制度，释放制度红利，对中等职业教育的发展尤为关键。中等职业教育供给结构主要是指学校培养人才的类型和层次结构是否符合国家经济发展对技能型人才的需求。这里既包括人才类型的匹配，也包括人才层次的匹配。中等职业教育只有培养出适应经济发展，也就是企业需求的人才，才能立足当前，长远发展。因为，本研究是探讨中等职业教育个人需求，而中等职业教育供给结构联系的是中等职业教育社会需求，所以本研究不对此做探

讨。中等职业教育供给质量是指中等职业教育供给质量对学生、教师和企业的供给质量。不同的服务主体对供给质量要求的核心内容不一样。本研究关注中等职业教育个人需求，所以我们考察的是学生对供给质量的主观感受。制度供给是基于宏观角度对中等职业发展的建议，而供给质量是基于微观角度，从学生的视角来衡量供给质量的高低，以期提高质量来提高学生的需求。

针对我国中等职业教育发展的现状，应转变发展思路，从供给侧探讨解决中职教育需求不足的问题，开创新供给创造新需求。如果中等职业教育通过制度创新、优化结构、提高教育质量等改革提供新供给，相信一定会有更多的初中生和社会人员选择职业教育，从而创造出中等职业教育的新需求。

二、公共产品理论

（一）公共产品的概念和类型

1.公共产品的概念

公共产品是相对私人产品而言，它的概念最初由林达尔提出，后来经济学家萨缪尔森（P.A. Samuelson）给出公共产品经典定义并对其进行规范分析。萨缪尔森认为，公共产品在消费上具有非竞争性和非排他性，一个人对于公共产品消费的增加不会使其他人对该产品消费的减少，也不会增加社会成本，其新增消费者的边际成本为零；同时，也不可能排除任何人对它不付代价的消费，即付费与否在享有公共产品效用上几乎是无差异的。❶从萨缪尔森的定义可以看出，公共产品最核心的特征是消费上的非排他性和非竞争性。

2.公共产品的类型

依据有无竞争性和排他性，国内外学者一般将社会产品分为纯公共产品、俱乐部产品、私人产品和公共资源四类，见表1-2。

---

❶ SAMUELSON P A. The pure theory of public expenditure[J]. The review of economics and statistics，1954，36（4）：387-389.

表1-2 产品分类

		排他性	
		有	无
竞争性	有	私人产品	公共资源
	无	俱乐部产品	纯公共产品

第一类是纯公共产品，它是指严格地满足消费的非竞争性和消费非排他性。非竞争性是指，一旦公共产品被提供，增加一个人的消费不会减少其他任何消费者的利益，也不增加社会成本，即新增其他人消费的边际成本为零；非排他性是指，一旦公共产品被提供，不可能排除任何人对它的消费，或者即使可以排除成本也异常昂贵，不符合效率原则。如国防安全、环境保护、基础科学、公共行政等。第二类是俱乐部产品，它具有消费上非竞争性和消费上的排他性，排他可以通过一定的技术手段做到。如那些可以收费的公路桥、公共电影院、公共图书馆等都是这类产品的例子。消费这类产品的使用者数目是一定的，当消费者超过一定数目时就会发生拥挤现象，从而破坏消费的非竞争性，所以必须限制其消费者数目。这类产品类似于俱乐部中的产品消费，所以形象地称为俱乐部产品。第三类是公共资源，它具有消费上的竞争性和消费上的非排他性，也就是说，这类产品无法使不付费者排除在消费之外。如公共渔场、公共牧场等都是这类产品。这些产品的消费数量一般也是既定或者有限的，某些人消费的增加会引起其他人消费的减少。❶第四类是私人产品，它兼具消费的排他性和消费的竞争性，市场上销售的各种商品均属此类产品。

（二）公共产品供给的主体

1.政府供给

政府应当是公共产品的供给者，在古典经济学视野中，政府是天然的、唯一的公共产品提供者，这主要是由于公共产品的特性和政府的职责来决定的。

---

❶ 黄恒学.公共经济学[M].第二版.北京：北京大学出版社，2009：97.

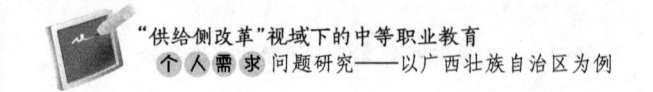

与一般的私人产品不同，公共产品既不具有竞争性，同时又缺乏排他的技术装置，或者即便具有排他的可能，也不符合效率原则，这就意味着公共产品的提供者无法根据使用者是否付费来决定它是否具有消费的权利而只能免费提供。这样，由于人们普遍相信无论付费与否均能够同样享用该类产品的服务，便会出现某些个人或集团只愿意获得产品收益而不愿意为产品出资的"搭便车"（free ride）问题。❶

政府作为一种制度安排，其对公共产品的垄断供给虽然解决了"搭便车"的难题，克服了企业供给公共物品的"市场失灵"。但是，现实中的政府行为并非完美无缺，政府干预对于纠正市场供给的缺陷并不总是有效的，在某些情况下反而会扭曲正常运行的市场机制，导致无效率供给或者过度供给的产生，或者即便政策目标是成功的，但却产生了一些负的外部性。与"市场失灵"（market failure）一样，当政府干预不能提高经济效益或收入再分配存在不公平时，便会产生新的现象——"政府失灵"（government failure）。公共产品供给中的"政府失灵"主要表现为：①政府供给无法满足公众对公共产品多样化和多层次的需求。一方面由于信息的不完全性；另一方面，由于公民可能存在夸大或缩小自己偏好的趋势，所以政府很难准确掌握每个公民的偏好，存在偏好加总困难。基于这两个方面的原因，所以政府所供给的公共产品的种类、数量就无法满足社会及公众多样化、多层次的公共需求。②政府供给低效率。公共部门普遍存在着竞争机制和约束监督规则的缺失，使得它常常是 x 无效率的。❷因为，"官僚机构可能是承受竞争压力最小的一种组织，能够免受各种组织所遭受的市场压力"，而且，"由于缺乏竞争，我们可以预期，单位成

---

❶ 斯蒂格利茨.公共部门经济学 [M].第三版.郭庆旺，等，译.北京：中国人民大学出版社，2012：110.

❷ x 无效率，也译为"x 非效率"或"x 低效率"，1966 年，由美国经济学家哈维·莱宾斯坦提出，是指大企业特别是垄断型的大企业，外部市场竞争压力小，内部层次多，关系复杂，机构庞大，加上企业制度安排方面的原因，使企业费用最小化和利润最大化的经营目标难以实现，导致企业内部资源配置效率降低，称为 x 无效率。

本或价格会远远高于成本最小化所允许的限度"。[1]这种由政府垄断式供给，导致了公共产品供给的低效率。

2. 企业供给

正是公共产品的"政府失灵"让我们考虑企业等其他社会组织参与公共经济活动可能性。戈尔丁首先提出公共产品供给方式上"选择性进入"，这为探讨公共产品的私人供给问题指明了方向。"选择性进入"指消费者只有在满足一定约束下才可以进行消费。没有什么产品或服务是由其内在性质决定它是公共产品或不是，存在的只是供给产品或服务的不同方式，即"平等进入"和"选择进入"。产品和服务采取何种供给方式取决于排他性技术和个人偏好的多样性。[2]新制度经济学的创始人科斯在其经典论文《经济学的灯塔》也论述了灯塔作为公共产品由政府供给的可能性。[3]

企业供给确实在一定程度上克服了政府供给的缺陷，因此20世纪80年代公共服务市场化成为西方发达国家改革的核心内容。但企业供给同政府供给一样，并非完美无缺，也存在供给的效率困境。首先，企业供给的主体——企业组织容易私人垄断。企业供给的公共产品主要是准公共物品，准公共物品在很大程度上具有天然垄断性的资本密集型行业，投资回报期长，资产专用性强，规模经济性比较明显，一般的企业很难进入该公共产品领域。由企业来供给准公共物品，虽然消除了政府的垄断供给，但由于产品本身的自然垄断性质并没有改变，因而出现了私人垄断问题。参与供给公共产品的私人企业是理性的经济人，追求利润最大化是其动机，处于垄断地位的私人企业很有可能通过任意提高价格获取垄断利润。如此看来，如果对经营公共产品的私人企业没有有效的规制，很有可能带来公共产品供给的私人垄断风险，此时公共物品供给价格过高，而产量不足，造成了公共产品供给的效率损失和福利损失。世界银行

---

[1] 陈福祥.公共性职业教育培训的有效供给——基于制度分析的视角[D].重庆：西南大学，2011：59-60.

[2] 黄恒学.公共经济学[M].第二版.北京：北京大学出版社，2009：74.

[3] COASE R H. The lighthouse in economics[J].Journal of law and economics，1974（17）：357-376.

（1997）指出："公用事业是天然垄断性的。因此，除非它们受到调控和管理，否则，私营公用事业的经营者就会像垄断者一样，限制产量并提高价格。这会给整个经济的效率和收入分配带来恶果。"其次，寻租问题。所谓寻租，塔洛克认为它是通过政治过程利用资源获得的特权，从而构成对他人利益的损害大于租金获得者收益的行为；巴格瓦蒂称为"直接的非生产性寻利活动"。美国经济学家詹姆士·布坎南说，政府利用特权而取得非法收益。企业在供给公共产品的过程中，一些利益集团就会通过游说活动或贿赂行为，利用政府干预而获得利益，用较低的贿赂成本获得较高的收益或超额利润。寻租往往和利益集团联系在一起，个人或厂商通常是通过其所在的利益集团来寻租的。作为一种非生产性活动，寻租不会创造价值，反而增加社会成本，浪费社会资源，导致资源配置的扭曲，甚至无效。

3.第三部门供给

第三部门中"第三"的含义是指除了政府部门和企业部门之外的社会部门。第三部门的研究可以追溯到近代资本主义兴起引发的关于"市民社会"的研究。"第三部门"一词开始在学术文献中使用始于20世纪70年代，美国学者列维特、卡扭乐、艾次奥尼等人较早地使用该词语。世界各国对"第三部门"的称谓不同，非政府组织、非营利组织、独立部门、志愿者组织、慈善部门、免税部门等，实际上都属于第三部门，其主要特点是民间性、非营利性、自治性、志愿性。

第三部门对公共产品的自愿供给，在一定程度上弥补了公共产品供给领域中"政府失灵"和"市场失灵"所造成的缺陷。一般而言，政府对公共产品的提供，定位于大多数人的需求，或者是"中位需求"，却无法满足一小部分人的特殊需求或差异需求，而第三部门有助于个体解决市场和政府无法有效解决的问题，还能扩大公共物品的供给规模、数量，满足社会对公共物品的人性化、高质量、可持续的需求。

第三部门在向社会提供公共产品或公共服务方面有自己独特的优势，如：

①效率优势。第三部门通过自愿的形式组建,组织规模较小,组织人员积极,在通力合作方面效率较高。美国著名管理学家彼得·德鲁克就指出,第三部门效能是政府的两倍,消减了财政赤字。②灵活优势。第三部门在组织体制和运行方式上具有很大的弹性和适应性,政治性不强,官僚化程度低,便于根据不同的情况及时做出调整。③创新优势。创新优势体现在供给制度的创新或技术创新。④贴近基层的优势。很多第三部门以社会弱势群体或边缘性社会群体为服务对象,为这些需要帮助的人们带来了福利,增进了人际和谐功能。❶

当然,第三部门自愿供给公共物品也有自身的局限性,Salamon称为"志愿失灵"。"志愿失灵"主要表现为:一是资金受限;二是服务对象有限,往往一些最需要帮助的群体的利益可能被忽视,并由此导致资源的浪费;三是慈善管理不完善,也许会造成内部决策过程的非民主化和非透明化;四是服务质量非专业性,即非营利组织的工作往往由有爱心的业余人员来做,很多服务不够专业和长久持续,这就不可避免地影响到服务的质量。❷

(三)公共产品的有效供给

1.单一主体供给

公共产品由谁供给,在多大程度上供给才能达到供给的均衡一直是困扰人们的理论难题。政府、企业和第三部门作为公共产品供给主体的三种现实选择,它们各自有着不同的功能空间,并直接决定着公共产品供给的模式和范围。最初,由于"市场失灵"现象,政府必须供给公共产品来弥补"市场失灵",所以政府被认为是供给公共产品的最佳选择。但由于政府供给的垄断性、信息的不完全性、有限理性等诸多约束条件,政府供给公共产品并非是唯一和最有效的途径。"政府失灵"造成了政府在许多种公共产品供给中的力不从心。后来,随着技术的发展、环境的变化、制度设计水平的提高,私人企业通过市

---

❶ 黄恒学.公共经济学[M].第二版.北京:北京大学出版社,2009:84.

❷ SALAMON L M. Partners in public service: the scope and theory of government nonprofit relations [M]// POWELL W W, STEINBERG R.The nonprofit sector: a research handbook. New Haven: Yale University Press, 200.

场有效率地供给公共物品成为可能。西方发达国家政府纷纷在公共产品供给领域中引入竞争机制，打破政府垄断。由此，私人企业开始成为公共产品重要的供给主体。由于公共产品的属性，企业供给公共产品无法克服"免费搭车"难题，因而公共产品供给中存在着"市场失灵"问题。

20世纪80年代以来，在人们的相互沟通、互惠心理以及利他主义的作用下，蓬勃发展的第三部门出现了。它们能够自愿地供给公共产品以满足人们不断增长和趋于多样化的公共产品需求，并且在环保、医疗、慈善、教育、治安等传统的政府活动领域发挥着越来越积极的作用。在公共产品供给领域，第三部门志愿供给，不仅是对公共产品的政府供给和企业供给的有益补充，还充分显示了其无与伦比的效率优势。

总的来说，政府主要供给公共性和外部性比较强的典型公共产品，企业主要供给能满足消费者差异公共需求的公共产品，第三部门主要供给能满足特殊公共需求的公共产品。[1]

2. 多主体供给

以上的分析是基于单一供给主体的考虑。公共产品供给中"市场失灵"和"政府失灵"现象的存在也是基于市场或者政府单一供给主体的理论假设为前提的。它们把市场和政府置于二元对立的立场上，忽视了二者在公共产品供给中可能存在的协调配合。王磊建立了单一供给主体、两主体、三主体供给公共产品的非均衡模型。通过对模型条件的严格假定和严密论证得出了单一供给主体、两主体、三主体供给公共产品都不可能达到公共产品供需均衡。但是，在一定条件下两主体供给和三主体供给公共产品可以改善公共产品的供给状况与效率。[2]梁学平也指出，政府、企业、第三部门作为公共物品供给的三种主体，在公共产品的供给中具有不同的功能和优势。由于诸多约束条件的限制，

---

[1] 梁学平.中国公共物品的供给研究[M].天津：南开大学出版社，2014：40-41.
[2] 王磊.产品供给主体选择与变迁的制度经济学分析——一个理论分析框架及在中国应用[M].北京：经济科学出版社，2009：53.

单一的供给主体都存在着公共产品供给失灵问题，无法保证公共产品的充分、有效的供给。政府、企业、第三部门必须共同参与公产品的供给，形成多元化的供给体系。因此，只有构建以政府、企业和第三部门为基本架构的公共产品多元化供给主体体系，才可以保证公共产品的有效供给。[1]

如图 1-3 所示，一定时期内，公共产品供给的种类和数量有限，以矩形表示公共产品篮子中，政府、企业和非营利组织都占有一定的份额，并且它们之间有交叉和重叠。

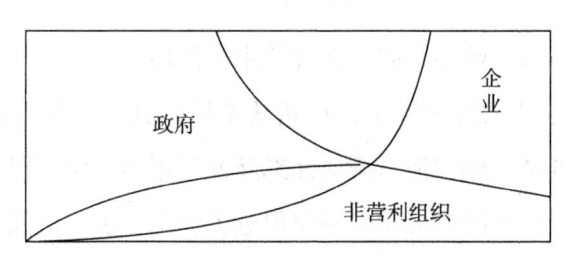

图 1-3 公共产品的多元化供给[2]

公共产品多中心供给的趋势已得到各国的认可。多中心趋势对政府的治理结构产生了重要影响，否认了政府作为唯一中心治理者的合理性，认为政府的作用是有限的，主张建立政府、企业、社会乃至国际社会多维框架下的多中心治理模式。但是，政府绝不是完全脱离，还要继续发挥不可或缺的主导作用，其作用主要集中在以下几个方面：首先，政府要制定合理的制度。这个制度能够激励其他的活动主体参与供给。如对公共产品产权的界定以及给予某些激励，从而为其他主体参与经济活动创造良好的制度环境；有些公共产品具有非营利性、高成本等特点，当其他经济主体参与供给时，政府应对其给予补贴或其他优惠政策。其次，政府应规制某些经济主体从事经济活动中可能出现的负外部性问题。公共产品的其他供给主体，由于理性经济人的特点，他们必须获

---

[1] 梁学平.中国公共物品的供给研究[M].天津：南开大学出版社，2014：143.
[2] 吴伟.公共物品有效提供的经济学分析[M].北京：经济科学出版社，2008：144.

得一定的收益，再加上有些制度的缺失和不完善，很大程度上会做出有损公共利益的行为，如任意提高公共产品的消费价格、任其产生环境污染等负外部性问题。因此，政府必须对这些问题进行管理和规制。最后，政府应给予公共产品的消费者以支持。因为当其他主体参与公共经济活动的过程中，消费者获得的信息有限，处于劣势地位，也许无法同供给者抗衡。因此政府可以支持消费者成立关于该种公共产品的协会，通过采取有效的集体行动，增强消费者同公共产品供给者进行博弈的筹码，从而改善公共产品的供给品质。❶

（四）公共产品理论对本研究的启示

第一，强化政府供给中等职业教育的主导作用。

2009年中等职业教育开始实行免费政策后，其产品属性更接近纯公共产品，不管是消费的竞争性和消费排他性都降低了很多。中等职业教育为国家的经济发展培养大量的技能型人才，不但促进了经济发展，也提高了全民的文化素质，具有很强的正外部性。中等职业教育的这种公共产品属性，使得很多企业和利益集团在没有收益的情况下，不会主动创办中等职业教育，而愿意直接享用它的收益。而政府作为公共产品的天然供给者，必然要发挥它的主导作用，利用财政经费举办中等职业教育，确保供给的数量以满足人们对职业教育的需求和企业对人才的需求。

《国家中长期教育改革和发展规划纲要（2010~2020）》提出，今后一个时期总体上保持普通高中和中等职业教育招生规模大体相当。这意味着初中毕业生将有一半进入中等职业教育，如此庞大的教育规模，更需要政府的政策支持和资金的投入以确保供给的数量。

政府供给中等职业教育满足的是中位需求，无法满足各个群体的差异需求，再加上市场的不完全信息，政府供给的x无效率，政府供给中等职业教育面临很多困境。2010~2014年中等职业教育招生人数不断下滑的态势也彰显了政府单一供给模式的窘境。如何克服这种困境呢？公共产品理论提到，政府供

---

❶ 黄恒学.公共经济学[M].第二版.北京：北京大学出版社，2009：87-88.

给中等职业教育和政府生产中等职业教育是完全可以分开的。政府提供某种公共产品或服务也并不一定意味着必须由政府来生产该公共产品或服务。所以，政府可以通过鉴定协议或经济资助等形式交于其他私人部门联合供给中等职业教育。目前，公共产品市场化供给已在很多发达国家普遍实行。如国家采用与私人公司签订协议或合同来经营公共产品是最普遍、范围最大的一种形式。其次，政府也可以通过授予经营权或经济资助等形式广泛让企业等民间组织参与公共产品的供给。但政府和企业之间的合作关系必须明朗化，通过合理的制度安排来明确彼此的责任、权利和义务。

第二，积极鼓励企业创办中等职业教育，释放市场供给模式的优势。

职业教育与企业有着天然和紧密的联系，它的兴衰与企业发展息息相关。因此，企业也应积极参与中等职业教育供给，既满足自己对技能人才的需求，同时也满足社会大众对职教育的差异需求。企业供给按照市场规律来运作，可以克服政府供给的低效率，提高供给的质量，更好地满足学生的差异需求。但同时也必须清楚，企业作为追求利益的理性经济人，必须要考虑收益。只有获得一定的收益，企业才会有动力来提供公共产品。

企业提供公共产品一般有两种形式，一种是企业单独供给；另一种是企业与政府合作。企业单独生产和供给公共产品都是按照市场化的方式运作。企业创办中等职业院校一般是为本企业服务，为本企业培养人才，并且这种人才具有一定特殊性和行业的垄断性，只有这样企业才能获得垄断利润以弥补自己所投入的成本。企业与政府合作就是双方基于资源的互补来联合供给中等职业教育。政府一般通过经济支持，如减免税收、优惠政策、低息贷款等手段鼓励企业创办中等职业学校。

企业在供给中等职业教育时，由于中等职业教育实行了免费政策，为了能同公办院校竞争，很多企业也被迫免除学费。从公共产品的消费排他性技术来分析，企业失去了这个优势，无法通过收取学费来弥补办学校的成本。那么，企业要有动力来供给中等职业教育，该怎么办呢？这时合理的产权分配就显得

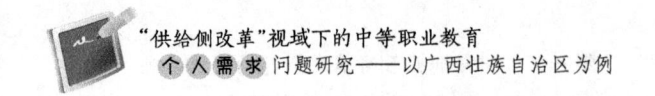

非常重要。按照产权经济学家阿尔钦的定义,"产权是一个社会所强制实施的选择一种经济品的使用的权利"[1]。诺思提到,"产权本质上是一种排他的权利"。因此,只有界定企业对某一公共产品的产权,并且有一系列制度安排来保护产权的行使,企业才有动力提供公共产品。

第三,多元主体供给是中等职业教育的发展趋势。

多中心供给已成为公共产品供给的发展趋势,它克服了单一供给主体各自的功能局限,平衡好各方的协作关系,最大程度创造帕累托效率解。中等职业教育作为教育领域的一种公共产品必然面临如何有效供给的问题。多元主体供给应是中等职业教育的发展趋势。目前,各地职业教育集团兴起就是一种多元供给主体的探索。

2015年7月教育部下发的《关于深入推进职业教育集团化办学的意见》,发布了相关的统计数据,截至2014年年底,全国已组建职业教育集团1048个,成员单位4.6万个。其中,中职学校7200所,高职学校950所,本科高校180所,行业协会1680个,企业2.35万个,政府部门1630多个,科研机构920个,其他机构1450个。从以上数据来看,我国职业教育集团有了一定的发展,取得了一定的成绩,但总体上职业教育集团化办学基础还比较薄弱。尽管数据显示参与职业教育集团的各个成员单位较多,但实际中,行业企业参与积极性并不高,很多合作都是浅层合作,成员合作关系不紧密。此外,职教集团管理体制和运行机制也不健全,支持与保障政策不完善,许多职业教育集团都是虚设的,并没有真正地按相关制度执行。

多元供给主体是中等职业教育发展的趋势,但如何克服职教集团发展的障碍,处理各个供给主体利益、权利和责任,这都需要有合理的制度安排和设计,同时政府也不能推卸自己的主要责任。在职业教育集团中,政府仍然发挥着不可替代的主导作用,协同各地教育行政部门和职业院校积极争取各方面支持和参与,切实采取有效的措施,深入推进职业教育集团化办学。

---

[1] 科斯,阿尔钦,诺思.财产权利和制度变迁[M].上海:上海人民出版社,1994:166.

三、本章小结

新供给经济学是中国经济学者基于中国经济的现实及对主流经济学理论框架的反思而提出的一种新的经济理论。该理论经历了两轮"否定之否定"的螺旋式上升过程。这个过程包括四个阶段,即从"萨伊定律"到"凯恩斯主义",从"凯恩斯主义"到"供给学派",从"供给学派"到"凯恩斯主义复辟",从"凯恩斯主义复辟"到"供给管理"。经过这些阶段,供给思想不断融合和创新,形成了新供给经济学。新供给经济学不是建立在单一理论源流的基础上,而是广阔地建立在传统供给经济学、制度经济学、转轨经济学、发展经济学、信息及行为经济学所构成的"五维一体化"理论框架基础上。该理论形成的核心观点是:第一,中国经济要在肯定需求侧管理重要意义和实践贡献的基础上,针对目前中国的现实状况,力主从供给端发力服务经济;第二,中国供给管理应以推动制度创新为切入点,把制度供给充分引入新供给分析框架;第三,新供给创造新需求。依据新供给经济学,它对本研究的启示,一是中等职业教育应从"需求侧"改革转向"供给侧"改革;二是中等职业教育的"供给侧"改革主要体现在供给制度创新、供给结构调整、供给质量提高,从而形成新供给创造新需求。

公共产品理论对公共产品的有效供给、如何处理政府和市场的关系提供了理论支撑。公共产品理论首先界定了公共产品的概念和类型。依据产品有无消费的竞争性和消费的排他性,公共产品主要分为纯公共产品、俱乐部产品、公共资源和私人产品。公共产品供给的主体主要包括政府、企业和第三部门。每一类供给主体都有各自供给的优势和不足。如何有效地供给公共产品,多元主体供给被证明是最有效的。公共产品理论对本研究的启示是:第一,强化政府供给中等职业教育的主导作用;第二,积极鼓励企业创办中等职业教育,释放市场供给模式的优势;第三,多元主体供给是中等职业教育的发展趋势。

第二章 中等职业教育需求的演变历程与现状分析

新中国成立至今，中等职业教育经历了曲折的发展历程，从最初的建立到目前撑起高中教育的半边天，它有过人人争抢的辉煌时段，也经历了无人问津的困难时段。经过60多年的发展与变革，它的规模数量和质量都有了巨大的增长和提高。为了更全面和深入地了解中等职业教育需求的状况，本章分三部分内容介绍：第一部分，梳理新中国成立后，中等职业教育需求的演变历程；第二部分，对中等职业教育的需求状况做比较分析；第三部分，对广西地区的中等职业教育需求状况进行分析。

如何衡量中等职业教育需求的状况，依据需求形成的两个条件，一是有支付能力；二是有需求意愿。鉴于此，本研究主要从两个方面考察中等职业教育需求状况：第一，全国中等职业教育需求状况主要采用招生数、在校生数等指标来反映；第二，广西地区中等职业教育需求状况既用招生数和在校生数反映，同时也通过问卷和访谈了解学生的需求意愿来间接反映需求状况。

一、中等职业教育需求的演变历程

本研究根据我国中等职业教育规模发展的特点，将它的演变历程划分为七个阶段：初建阶段（1949~1966年）；波动阶段（1966~1976年）；恢复阶段（1978~1984年）；黄金阶段（1985~1998年）；停滞阶段（1999~2001年）；复兴阶段（2002~2010年）；滑坡阶段（2011~2014年）。

（一）第一阶段：初建阶段（1949~1966年）

新中国成立，百废待兴，当时整个中国的教育都比较落后，职业教育更是散乱一团,还没有正式形成。新中国成立初期,国家首先对原有的中等职业学校进行了接管和改造,接着又调整了既有的职业学校,明确了职业学校办学目标,调整了专业结构,撤销了条件不足的学校。1954年9月,政务院出台《关于改进中等专业教育的规定》,在文件中明确规定了各类中等专业学校的学习年限,教学计划制订,教学形式安排、中等专业学校的领导职责,并提出拟定中等专业学校章程。章程的拟定标志着我国中等专业教育制度的确立。

当时,新中国有很多遗留下来的城市失业工人,各地区为了安置这些失业工人,举办了大量技工学校。1953年,政务院决定由劳动部门对技工学校实行综合管理。1954年4月劳动部颁发了《技工学校暂行办法草案》,对技工学校的设置标准、培养对象、教学内容、实习条件、师资条件、考核标准、办学条件等都做了具体的规定。这也标志着我国技工学校制度的确立。

在国家的大力支持下,中等职业学校和技工学校都得到了快速发展,不管从学校数量还是学生数量都翻了几倍,引来了中等职业教育发展的第一个高峰期。但之后的几年,中国的"大跃进"运动也带来了中等职业教育发展的"大跃进",学校规模发展太快,并不适应当时中国的经济发展需求。1961年,中共中央在北京召开会议提出"调整"方案,使中等职业教育规模发展趋于稳定。具体数据见表2-1。

表2-1 中专和技工学校规模(1957~1963年)[1]

年份	中等专业学校		技工学校	
	学校数(个)	学生数(万人)	学校数(个)	学生数(万人)
1957	728	48.2	144	6.6
1960	4261	137.7	2179	51.6
1963	865	32.1	220	7.8

---

[1] 李蔺田.中国职业技术教育简史[M].北京:北京师范大学出版社,1996:241.

（二）第二阶段：波动阶段（1966~1976年）

"文化大革命"开始以后，全国一片混乱，教育事业的各个方面几乎停滞不前。各级教育机构有的撤销，有的陷于瘫痪，有的改制，全国教育行政管理系统基本解体。当时，大学停止招生，小学和高中教育都缩短学制，中等职业教育在这次"动乱"中更是受到了毁灭性的打击，大量学校停办，停止招生；校舍被占用，有的被改为工厂、农场，有的直接推倒毁灭；学校的教材、图书、设备、仪器损坏失落；教师遭到严重打击和迫害，队伍散失，许多都被流放到农场工作。这使得中等职业教育元气大伤。面对如此破乱不堪的教育状况，1971年在全国教育工作会议上，国务院有关部门和各省市都强烈要求恢复中等专业学校招生。这之后，中等职业学校和技工学校又逐步发展起来（见表2-2）。

表2-2 中专和技工学校规模（1965~1976年）[1]

年份	中等专业学校		技工学校	
	学校数(个)	学生数(万人)	学校数(个)	学生数(万人)
1965	871	39.2	400	12.3
1971	955	9.8	39	0.85
1974	1234	34.9	905	13.6
1976	1461	38.6	1267	22.1

（三）第三阶段：恢复阶段（1977~1984年）

"文化大革命"结束后，中国迎来了改革开放，我国经济发生重大转变，开始从计划经济向市场经济转变，经济增长方式由粗放型向集约型转变。这种转变为中等职业教育展提供了良好的社会环境和人才需求基础。中国经济迅速发展，急需大量技术型人才为国家建设做保障，这就使得职业教育开始得到国

---

[1] 李蔺田.中国职业技术教育简史[M].北京：北京师范大学出版社，1996：342.

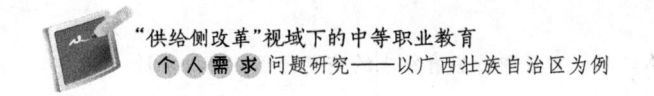

家的密切重视。

但由于"文革"期间对中等职业教育的发展带来了极大的创伤，不但培养的技术型人才的数量极度匮乏，同时技术工人中，结构单一，低级技工较多，而中、高级技工比例非常低。教育结构的不合理与经济建设所需要大量的技术人才之间的矛盾日趋突出。针对这样的情况，1980年10月国务院批转教育部、国家劳动总局《关于中等教育结构改革的报告》（以下简称《报告》），这是一份恢复发展中等职业教育的关键性文件。《报告》提出：将部分高中改办为职业学校（职业中学、农业学校）；各行各业举办职业技术学校；积极发展和办好技工学校；努力办好中等专业学校。从《报告》看出，职业高中开始崛起，并逐渐成为中等职业教育的主力军。这之后的几年，中等职业技术学校、技工学校和职业高中规模都不断扩大。

（四）第四阶段：黄金阶段（1985~1998年）

这期间，国家颁布了很多促进中等职业教育发展的文件，表明国家对职业教育的重视，也带来了职业教育发展的春天。第一，1985年5月27日公布了《中共中央关于教育体制改革的决定》（以下简称《决定》），《决定》要求：力争在5年左右时间，使大多数地区的各类高中阶段的职业技术学校招生数相当于普通高中的招生数，扭转目前中等教育结构不合理的状况。我国在文件中首次提出，中等职业技术学校招生数与普通高中学校招生数1∶1发展目标，它极大地推动了中等职业教育规模扩张，同时也标志着我国职业技术教育进入了大发展时期。第二，1993年出台《中国教育改革和发展纲要》的实施意见，把职业教育作为我国教育发展的战略重点之一，对职业教育发展又提出了一个新目标。第三，为了体现国家对职业教育的重视，1996年5月颁布了我国第一部职业教育法——《中华人民共和国职业教育法》，这标志着我国职业教育开始走向法治的轨道，为我国职业教育发展提供了理论指导。

在各种政策和良好经济环境的共同支持下，1985~1998年，中职在校生数持续上升。从1985年的416.5万人增长到1998年1212.7万人，增长了将近3

倍。并且在1993~1998年，中等职业教育的在校生数一直都超过了普通高中在校生数。这期间中等职业教育的改革和发展进入一个新阶段，本研究把这一阶段称为中等职业教育发展的"黄金时期"。

（五）第五阶段：停滞阶段（1999~2001年）

1998年之前的几年是我国中等职业教育发展的第二个高潮，招生规模超过了普通高中教育，但也就是在这一年，我国中等职业教育开始宣告"黄金阶段"结束。1997年年底，国家教委、国家计委联合签发了《关于普通中等专业学校招生并轨改革的意见》，提出改变普通中等专业学校由政府包得过多的做法，实行统一招生计划、统一录取标准、学生缴费上学，并在国家方针政策指导下，大多数毕业生在一定范围内采取自主择业的就业制度。招生并轨一方面缓解了学校办学经费短缺的压力；另一方面，由于打破了中专生就业的铁饭碗，中职生源急速下降。随后，1999年高校开始扩招，扩招源于1999年教育部出台的《面向21世纪教育振兴行动计划》，这份文件提到2010年，高等教育毛入学率将达到适龄青年的15%。至此，中国开始出现了普高热。1999年，高校招生总数达159.68万人，招生人数增加51.32万人，增长速度高达47.4%，之后2000年的扩招幅度为38.16%，2001年为21.61%，2002年为19.46%，到2003年，中国普通高校本专科生在校人数超过1000万人。❶

招生并轨和高校扩招使中等职业教育处于内忧外患中。1999~2001年，中职在校生数连续3年大幅度下滑，2001年在校人数仅为975.78万人，减幅同1998年相比为20%。至此，中等职业教育在老百姓的眼中逐渐失去吸引力。

（六）第六阶段：复兴阶段（2002~2010年）

为了扭转中等职业教育规模不断萎缩的趋势，2002~2007年，国家召开的职业教育工作会议，其规格之高、频率之多、力度之大，实为历年所罕见，大力发展职业教育成为教育政策的核心。

---

❶ 数据来源于《中国教育统计年鉴》相关数据的计算得出。

2002年年初，教育部发出《关于做好2002年中等职业学校招生工作的通知》，指出要彻底打破中专招生的计划指标限制。中等职业学校的招生规模由学校根据社会需求和学校培养能力自主确定。省级以上的重点学校可实行提前招生。部分学校可以实行免试入学，注册入学、多次招生等改革措施。2002年《国务院关于大力推进职业教育改革与发展的决定》（以下简称《决定》），对职业教育工作做出全面部署。《决定》提到，职业教育不仅要为初、高中毕业生服务，还要面向社会各类人群，如城市下岗失业人员、在职人员、返乡农民工、农村剩余劳动者及其他社会成员，向他们提供多种形式、多种层次的职业学校和职业培训。职业教育是我国教育体系的重要组成部分，是国民经济和社会发展的重要基础。这份文件明确扩大了中等职业教育的招生对象，不但面向应届初中毕业生，还应广泛面向社会需要职业培训的各类闲散群体。这对中等职业教育招生工作带来了新的发展取向。2005年教育部出台《关于加快发展中等职业教育的意见》（以下简称《意见》），指出我国高中阶段教育的发展出现了普通高中教育和中等职业教育发展"一条腿长、一条腿短"的不协调现象，因此要加快发展中等职业教育。《意见》中明确下达了2005年招生的任务：一年内增加100万人。2005年我国中等职业教育也确实实现了突破，2006年招生数为655.66万人，顺利完成了国家制定的招生目标。2006年教育部出台了《关于大力发展民办中等职业教育的意见》，这份文件带来了民办中等职业教育发展的春天，对民办中等职业教育发展提供了良好的条件。如规定各地教育行政部门要统一规划，共同制订公办学校和民办学校的招生计划；生源所在地不得对民办学校设置障碍和实行地区封锁，不得乱收费；民办学校学生在就业、升学、奖学金等方面与公办学校的学生享有同等待遇，不得区别对待等。

2002~2010年，众多文件的出台为中等职业教育的发展注入了新兴的力量，中等职业教育在国家的大力支持下艰难复苏，取得了一定的成绩。2002

年中等职业教育的在校人数为1190.81万人，招生数为473.55万人，到2010年在校生数为2238.50万人，仅比普通高中教育在校生数少189万人，招生数870.42万人，创历史最高值，并且当年招生数超过普通高中的招生数。这是我国中等职业教育发展的第三次高潮。

（七）第七阶段：滑坡阶段（2011~2014年）

为了更好地促进中等职业教育的发展，2009年12月，财政部、国家发改委、教育部、人力资源社会保障部印发《关于中等职业学校农村家庭经济困难学生和涉农专业学生免学费工作的意见》，接着又在2010年印发《关于扩大中等职业学校免学费政策覆盖范围的通知》，2012年印发《关于扩大中等职业教育免学费政策范围进一步完善国家助学金制度的意见》，三部文件的出台，中等职业学校已实施全部免费。

如此大力的国家支持政策，可中等职业教育的在校生数和招生数并没有持续增长，反而连续4年下降。2014年中等职业教育在校生数为1802.9万人，普通高中教育在校生数为2400.5万人，中等职业教育招生数为619.8万人，普通高中教育招生数为796.6万人。数据反映，中等职业教育和普通高中教育的发展比例又失去平衡。

面对中等职业教育又再次下滑的趋势，国务院在2014年6月出台《关于加快发展现代职业教育的决定》，对职业教育做出重大战略部署。

综上所述，新中国成立至今，中等职业教育发展经历了七个阶段。这期间从形成到发展稳定，有过辉煌，也有过落魄。为了更准确地了解中等职业教育需求状况，笔者查阅了《中国统计年鉴》《中国教育统计年鉴》《国民经济和社会发展统计公报》《全国教育事业发展统计公报》的相关数据，整理了1985~2014年的中等职业教育的在校生数（由于1949~1984年的数据无从考察，只能略去），并绘制其30年的发展趋势图，以期对我国中等职业教育发展规模有更清晰的认识。具体数据见表2-3和图2-1。

"供给侧改革"视域下的中等职业教育**个人需求**问题研究——以广西壮族自治区为例

表2-3 中等职业学校在校生数（1985~2014年）[1]

年份	中职在校生数（万人）	年份	中职在校生数（万人）	年份	中职在校生数（万人）
1985	416.5	1995	939.28	2005	1600.04
1986	480.00	1996	1010.35	2006	1809.89
1987	516.90	1997	1089.51	2007	1987.01
1988	555.70	1998	1212.70	2008	2087.09
1989	580.70	1999	1115.39	2009	2195.17
1990	633.20	2000	1044.18	2010	2238.50
1991	655.40	2001	975.78	2011	2205.33
1992	685.40	2002	1190.81	2012	2113.69
1993	762.28	2003	1256.73	2013	1922.97
1994	849.44	2004	1409.25	2014	1802.9

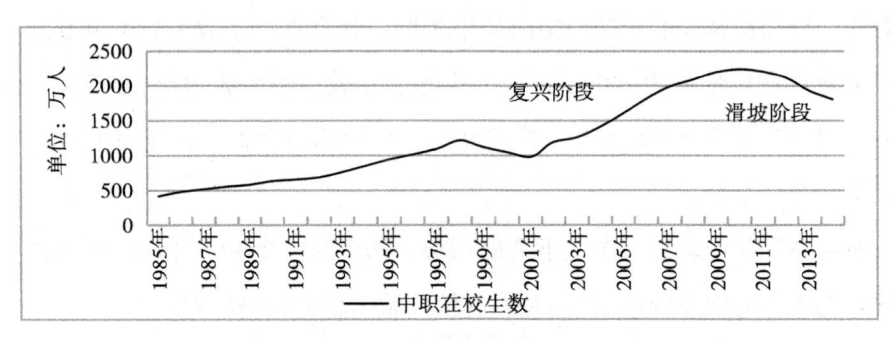

图2-1 中等职业学校在校生数变化趋势图（1985~2014年）

二、中等职业教育需求的比较分析

中等职业教育需求的演变历程使我们对中等职业教育有了一个纵向的认识。为了更深刻地剖析中等职业教育需求状况，我们再从以下三方面对中等职

---

[1] 数据来源：《中国教育统计年鉴》《全国教育事业发展统计公报》和《中国统计年鉴》。2002~2014年中职在校生数包括普通中专、职业高中、技工学校、成人中专。1985~2001年中职在校生数仅包括普通中专、职业高中、技工学校。因为当时成人中专属于成人教育，其在校生数不统计在中职教育内。

业教育需求做横向比较分析。

（一）中等职业教育与普通高中教育的比较

中等职业教育是我国高中教育的重要组成部分，国家多次要求，保持中等职业教育和普通高中教育规模大致相当的发展目标。下面我们就两种类型学校的在校生数和招生数做对比分析（见表2-4）。

表2-4　中等职业学校和普通高中在校生数比较（1985~2014年）❶

年份	中职在校生数（万人）	普高在校生数（万人）	普职比例	年份	中职在校生数（万人）	普高在校生数（万人）	普职比例
1985	416.5	741.10	1.78:1	2000	1044.18	1201.26	1.15:1
1986	480.00	773.40	1.61:1	2001	975.78	1404.97	1.44:1
1987	516.90	773.70	1.50:1	2002	1190.81	1683.81	1.41:1
1988	555.70	746.00	1.34:1	2003	1256.73	1964.80	1.56:1
1989	580.70	716.10	1.23:1	2004	1409.25	2220.40	1.58:1
1990	633.20	717.30	1.13:1	2005	1600.04	2409.09	1.51:1
1991	655.40	722.90	1.10:1	2006	1809.89	2514.50	1.39:1
1992	685.40	704.90	1.03:1	2007	1987.01	2522.40	1.27:1
1993	762.28	656.90	0.86:1	2008	2087.09	2476.28	1.19:1
1994	849.44	664.90	0.78:1	2009	2195.17	2434.28	1.11:1
1995	939.28	713.20	0.76:1	2010	2238.50	2427.34	1.08:1
1996	1010.35	769.30	0.76:1	2011	2205.33	2454.82	1.11:1
1997	1089.51	850.10	0.78:1	2012	2113.69	2467.17	1.17:1
1998	1212.70	938.00	0.77:1	2013	1922.97	2435.88	1.27:1
1999	1115.39	1049.70	0.94:1	2014	1802.9	2400.50	1.33:1

---

❶ 数据来源：《中国教育统计年鉴》《全国教育事业发展统计公报》和《中国统计年鉴》。2002~2014年中职在校生数包括普通中专、职业高中、技工学校、成人中专。1985~2001年中职在校生数仅包括普通中专、职业高中、技工学校。因为当时成人中专属于成人教育，其在校生数不统计在中职教育内。

从图2-2和表2-5看出：第一，1985~1992年，中职在校生数低于普通高中在校生数，但普职比不断下降，从1985年1.78∶1降到1992年1.03∶1。说明中职在校生数不断增加，普职比例在国家大力发展职业教育的政策背景下，比例渐趋于1∶1理想状态。第二，1993~1999年，中职在校生数超过了普高在校生数，那几年正是中职教育发展的黄金时期，职业教育为我国经济发展培养了一批优秀的人才，普职比例都小于1。第三，2001年之后，普高在校生数一直超过中职在校生数，普职比在2004年达到最高1.58∶1，表明高中教育结构严重失衡，人们偏重普通高中教育。这之后的几年，普职比例不断下降，趋于合理，在2010年为1.08∶1.但随后的几年，普职比又不断上升，2014年达到1.33∶1，表明我国高中阶段教育结构又出现失衡。

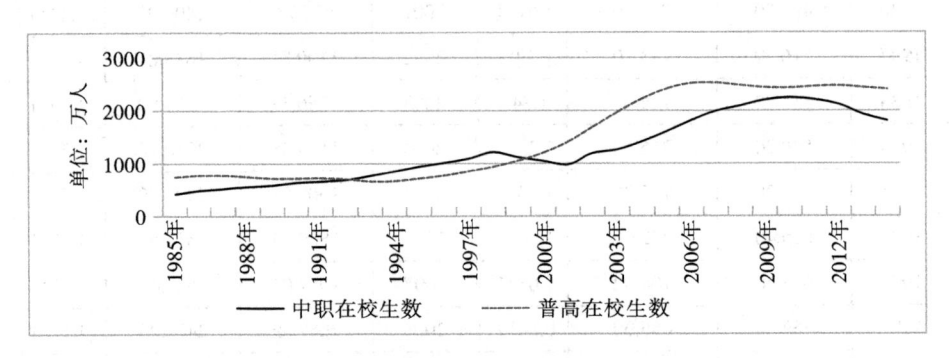

图2-2 中职和普高在校生数变化趋势对比图（1985~2014年）

表2-5 中等职业学校和普通高中招生数比较（1985~2014年）❶

年份	中职招生数(万人)	普高招生数(万人)	普职比例	年份	中职招生数(万人)	普高招生数(万人)	普职比例
1985	—	257.50	—	1988	—	244.30	—
1986	—	257.30	—	1989	—	242.10	—
1987	—	255.20	—	1990	227.27	249.80	1.10∶1

❶ 数据来源：《中国教育统计年鉴》《全国教育事业发展统计公报》《中国统计年鉴》。2001~2014年中职招生数包括普通中专、职业高中、技工学校、成人中专。1985~2000年中职在校生数仅包括普通中专、职业高中、技工学校。因为当时成人中专属于成人教育，其在校生数不统计在中职教育内。

续表

年份	中职招生数(万人)	普高招生数(万人)	普职比例	年份	中职招生数(万人)	普高招生数(万人)	普职比例
1991	270.27	243.80	0.90:1	2003	515.75	752.10	1.46:1
1992	273.56	234.70	0.86:1	2004	566.20	821.50	1.45:1
1993	316.12	228.30	0.72:1	2005	655.66	877.73	1.34:1
1994	340.75	243.40	0.71:1	2006	747.82	871.20	1.16:1
1995	368.95	273.60	0.74:1	2007	810.02	840.16	1.04:1
1996	386.47	282.20	0.73:1	2008	812.11	837.01	1.03:1
1997	415.83	322.60	0.78:1	2009	868.52	830.34	0.96:1
1998	442.26	359.60	0.81:1	2010	870.42	836.24	0.96:1
1999	375.30	396.30	1.06:1	2011	813.87	850.78	1.05:1
2000	333.36	472.69	1.42:1	2012	754.13	844.60	1.12:1
2001	399.94	557.98	1.40:1	2013	674.76	822.70	1.22:1
2002	473.55	676.70	1.43:1	2014	619.80	796.60	1.29:1

从图2-3可见，两种类型学校招生数的变化趋势同在校生数的变化趋势基本相同。存在的区别是，第一，1991~1998年中职的招生数一直超过了普通高中，但在校生数1993~1999年超过普通高中，表明在校生数一般比招生数的变化慢一些。第二，2009年和2010年，中等职业教育开始恢复，招生数虽然超过了普通高中，但在校生数却没有超过。表明中职规模还是比普通高中的规模小一些。第三，2010年之后，中职招生数不断萎缩，导致中职在校生数与普通高中的差距要大于招生数与普通高中的差距。

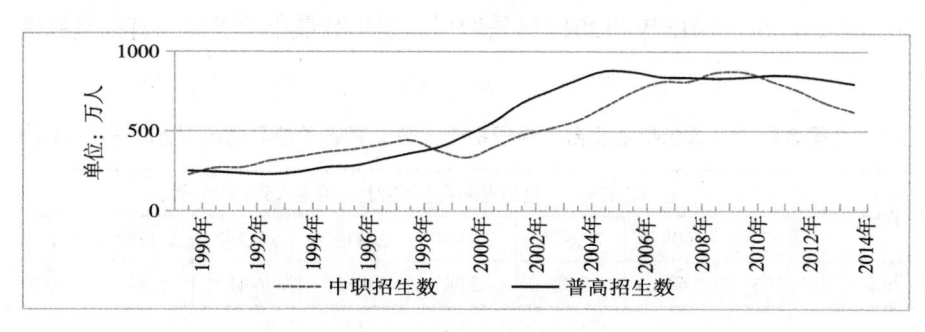

图2-3 中职和普高招生数变化趋势对比图（1990~2014年）

综上所述，从招生数和在校生数两个指标来看，中等职业教育只是在其黄金期超过普通高中教育规模。21世纪以来，除了2009年和2010年招生数超过了普通高中，其他都比普通高中规模小，并且自2011年以来，中等职业教育规模出现了下滑趋势，中等职业教育规模和普通高中教育规模比例又出现轻微失衡现象。

（二）中等职业教育需求的地区差异分析

我国地域辽阔，由于历史等各种原因，地区经济发展差距较大。中等职业教育与地区经济紧密相关，地区经济发展不平衡也带来了中等职业教育发展在各个地区出现的差异。下面我们就从各个省份的招生数和退学数来分析中等职业教育需求的地区差异。

1.招生数地区差异分析

表2-6反映了以下几点情况：首先，标准差反映的是各省份中职招生人数在同一时期内偏离平均值的程度。标准差越大，说明各省份绝对差异越大。表2-6的标准差显示，标准差呈现先增加又下降之势，在2014年标准差最小，为12.09万人，表明2014年各省招生人数的差异比以往几年相对减少。其次，极差率是一组数据中最大值和最小值之间的比率，极差率越大说明这组数据差异越大，并且数据中可能存在一些极端值。表2-6极差率反映，极差率都在55以上，最大极差率为2010年101.29，最小极差率为2009年57.95，表明招生数最大的省份和招生最小省份差距非常大。最后，招生数最大的省份基本上是河南，只有2010年是广州，2013年和2014年是四川。招生数最小的省份一直都是西藏。

表2-6 全国各省份（未包括港澳台）中职招生人数及其各种差异情况（2007~2014年）[1]

省份	全国各省份(未包括港澳台)中职学校招生人数(单位:万人)							
	2007年	2008年	2009年	2010年	2011年	2012年	2013年	2014年
北京	5.03	4.54	4.98	5.06	6.15	6.41	5.54	2.98

---

[1] 数据来源：《中国教育统计年鉴》和《中国统计年鉴》，招生数不含技工学校。

续表

省份	全国各省份(未包括港澳台)中职学校招生人数(单位:万人)							
	2007年	2008年	2009年	2010年	2011年	2012年	2013年	2014年
天津	4.07	4.21	4.18	3.87	3.50	3.48	3.38	3.08
河北	41.01	40.65	45.24	40.95	35.69	29.95	22.09	22.41
山西	20.25	19.29	23.50	23.65	17.62	17.24	14.29	13.18
内蒙古	11.40	10.63	16.16	12.42	10.59	9.60	8.39	8.24
辽宁	16.52	16.30	15.45	14.44	13.46	12.14	11.80	10.83
吉林	9.53	10.29	15.18	10.73	9.17	7.21	6.11	4.35
黑龙江	12.19	14.21	16.62	11.59	10.93	10.02	8.33	7.84
上海	5.07	5.77	5.03	4.89	4.81	4.95	4.44	4.10
江苏	39.54	38.68	35.08	36.26	30.74	27.52	25.91	23.44
浙江	22.92	22.79	24.41	24.15	23.82	20.32	19.15	17.91
安徽	33.62	33.36	32.22	34.91	40.55	40.88	36.90	33.42
福建	19.14	18.94	23.40	20.15	25.17	24.08	15.50	14.09
江西	24.24	22.31	26.57	22.00	21.19	20.29	16.74	14.94
山东	45.92	41.85	40.52	42.70	44.47	40.47	36.35	31.91
河南	57.36	57.70	63.97	62.56	56.96	52.25	42.22	39.34
湖北	38.71	39.06	36.72	28.36	21.23	14.35	13.08	12.67
湖南	33.68	28.05	34.89	30.29	27.99	25.31	22.86	22.71
广东	36.57	39.81	52.99	74.13	55.03	49.58	47.49	41.70
广西	23.70	24.90	27.49	38.09	31.71	31.28	30.36	27.12
海南	4.22	4.25	5.74	5.47	5.80	5.11	5.18	4.54
重庆	15.89	15.24	15.49	13.25	14.65	13.66	12.22	11.60
四川	43.75	49.04	52.81	51.16	52.33	50.11	49.00	44.38
贵州	16.61	16.12	16.28	15.55	14.82	15.08	24.71	23.58
云南	15.26	16.71	20.32	27.90	18.49	18.32	17.97	17.60
西藏	0.67	0.52	1.10	0.73	0.54	0.79	0.65	0.71
陕西	26.30	25.67	24.64	25.18	23.64	19.62	16.40	13.53
甘肃	12.35	12.99	14.15	13.74	11.91	11.77	9.86	8.82
青海	3.09	3.10	3.19	3.07	2.96	3.01	2.93	2.73

续表

省份	全国各省份(未包括港澳台)中职学校招生人数(单位:万人)							
	2007年	2008年	2009年	2010年	2011年	2012年	2013年	2014年
宁夏	3.15	4.12	4.58	4.25	5.04	3.61	3.03	3.04
新疆	9.71	9.20	8.85	9.89	9.02	8.68	8.39	8.59
合计	651.48	650.27	711.77	711.40	649.96	597.08	541.26	495.36
平均数	21.02	20.98	22.96	22.95	20.97	19.26	17.46	15.98
标准差	14.88	14.87	16.03	17.77	15.68	14.54	13.30	12.09
最大值	57.36	57.70	63.97	74.13	56.96	52.25	49.00	44.38
最小值	0.67	0.52	1.10	0.73	0.54	0.79	0.65	0.71
极差	56.70	57.17	62.86	73.40	56.42	51.46	48.35	43.68
极差率	86.21	110.55	57.95	101.29	106.10	66.14	75.72	62.63

全国31个省份（未包括港澳台）由于经济、人口等众多原因的影响，它们之间的招生人数差异较大。哪些省份招生人数增加了，增加的幅度有多大？哪些省份又是减少呢？减少的幅度有多少？笔者拟用2006年的招生数为基准年，2014年的招生数为现年，分析各个省份的招生人数增长率的差异。选2006年为基准年是基于以下的考虑，2005年教育部出台《关于加快发展中等职业教育的意见》，指出我国高中阶段教育发展出现"一条腿长、一条腿短"的不协调现象，因此对2006年中等职业教育的招生计划做了具体的规定。此后，国家也有文件不断提出扩大中等职业教育规模，所以选择2006年为基准年，在国家政策的大力推动下，对比各个省份在2006~2014年的中职招生人数有什么差别。具体情况见表2-7。

表2-7 全国各省份（未包括港澳台）中职招生人数的增长率[1]

省份	2006年招生数(万人)	2014年招生数(万人)	增长率(%)
北京	5.42	2.98	-45

---

[1] 数据来源：《中国教育统计年鉴》和《中国统计年鉴》，招生数中不含技工学校。

续表

省份	2006年招生数(万人)	2014年招生数(万人)	增长率(%)
天津	4.16	3.08	−26
河北	37.68	22.41	−41
山西	17.30	13.18	−24
内蒙古	8.78	8.24	−6
辽宁	17.22	10.83	−37
吉林	10.56	4.35	−59
黑龙江	12.01	7.84	−35
上海	5.67	4.10	−28
江苏	45.20	23.44	−48
浙江	24.57	17.91	−27
安徽	32.46	33.42	3
福建	19.45	14.09	−28
江西	24.30	14.94	−39
山东	42.54	31.91	−25
河南	50.63	39.34	−22
湖北	36.92	12.67	−66
湖南	31.45	22.71	−28
广东	32.68	41.70	28
广西	20.98	27.12	29
海南	2.63	4.54	73
重庆	15.65	11.60	−26
四川	44.98	44.38	−1
贵州	13.84	23.58	70
云南	12.87	17.60	37
西藏	0.23	0.71	3
陕西	21.64	13.53	−37
甘肃	10.05	8.82	−12

续表

省份	2006年招生数(万人)	2014年招生数(万人)	增长率(%)
青海	2.12	2.73	29
宁夏	2.54	3.04	20
新疆	6.58	8.59	31

由表2-7可以看出，第一，全国31个省份（未包括港澳台）中，10个省份是正增长，其余省份为负增长。正增长的省份分别是安徽、广东、广西、海南、贵州、宁夏、西藏、云南、青海、新疆。可以看出大部省份来自西部经济较落后的地区。其中，增长最快的几个省份是西藏（203%）、海南（73%）、贵州（70%）、新疆（31%）、青海和广西（29%）。负增长最大的几个省份是湖北（-66%）、吉林（-59%）、江苏（-48%）、北京（-45%）、河北（-41%），并主要来自中东部地区。

为什么会出现西部地区中职招生人数增加，而中东部地区招生人数减少呢？笔者认为这与地区的经济发展相关。中东部地区经济发展较快，对技术人才需求层次逐渐上移，高中毕业水平的中职生很多单位已不录用，所以很多学生不愿意选择中等职业教育，更倾向于选择普通高中教育。而西部地区经济发展缓慢，对技术人才的学历水平要求不高，再加之西部高中教育发展能力较弱，因而很多学生选择上中等职业教育，所以招生人数增长较快。

2.退学数地区差异分析

退学是指学生在学期间，因为各种原因主动或被动选择终止学业。被动退学一般是指因休学、开除、死亡或转出而被迫终止学业；而主动退学一般是因为学生对学校管理不满或自己没有能力跟不上学习进度等原因主动要求停止学业。退学数从另一个方面反映了学生对中等职业的需求状况。本研究所指的退学数是指不包括休学、开除、死亡和转出的学生。具体各省的退学数见表2-8。

表2-8 全国各省份（未包括港澳台）中职退学人数及其各种差异情况（2006~2013年）[1]

省份	2006年	2007年	2008年	2009年	2010年	2011年	2012年	2013年
北京	2927	3357	3698	4720	3135	3027	3274	3886
天津	1907	2117	3631	5585	3388	2770	2499	3335
河北	7017	10693	13584	13387	12127	25057	21530	30385
山西	3635	2794	3398	6969	10222	11399	6829	10759
内蒙古	4053	4114	7382	7852	8935	19115	7866	7569
辽宁	7488	8988	10898	10226	9977	8951	9772	9585
吉林	2797	4909	3122	5267	25400	9723	13364	11653
黑龙江	3068	4642	3837	7131	12309	8077	3450	3645
上海	2898	2558	2444	3951	4689	3866	3253	3226
江苏	13024	14672	17165	15613	15853	12255	10102	12092
浙江	23232	19496	19913	17833	17314	17039	14189	12781
安徽	5925	18075	10600	14944	13653	12818	13235	20322
福建	12061	17307	15858	18702	19268	18302	19528	26809
江西	11546	11475	16417	11626	9959	17084	13510	20594
山东	9166	16349	11995	15527	14490	20148	23557	26230
河南	12230	13084	16871	18575	23542	23515	14752	37850
湖北	7623	9879	12290	16755	26989	23775	18587	9872
湖南	28077	22107	24763	26355	20620	19436	19754	23839
广东	20927	28398	32109	31004	29719	138774	52230	47632
广西	8544	18859	31751	44237	27729	37127	37281	30752
海南	1656	1616	3871	4417	3760	6161	9913	11429
重庆	6909	14257	12476	13391	15543	23253	14694	15606
四川	21352	34117	26033	28145	50048	50716	49303	40239
贵州	6307	14646	29634	28414	35539	20578	19594	25745
云南	7137	7096	13769	15157	24187	26155	20604	29438
西藏	84	23	37	12	129	96	150	130

[1] 数据来源：《中国教育统计年鉴》，退学数不包括休学、开除、死亡和转出的学生。退学率=当年的退学数/当年在校生数。

续表

省份	全国各省份(未包括港澳台)中职退学人数(单位:人)							
	2006年	2007年	2008年	2009年	2010年	2011年	2012年	2013年
陕西	4648	6938	9709	12524	14226	11256	19081	18041
甘肃	3166	3604	5856	10020	9500	11705	11686	13982
青海	232	858	1610	1516	4839	3104	5177	3075
宁夏	1278	1380	1730	1602	1891	5417	6007	4539
新疆	3538	5571	9102	11291	9932	12432	17930	14611
合计	244452	323979	375553	422748	478912	603131	482701	529651
在校生数	14890719	1619850	16882421	17798473	18164447	17749068	1689880	15363842
退学率	1.64%	2%	2.2%	2.38%	2.64%	3.4%	2.86%	3.45%
平均数	7886	10451	12115	13637	15449	19456	15571	17086
标准差	6961	8370	9099	9745	10891	24194	12017	12019
最大值	28077	34117	32109	44237	50048	138774	52230	47632
最小值	84	23	37	12	129	96	150	130
极差	27993	34094	32072	44225	49919	138678	52080	47502
极差率	334	1483	868	3686	388	1446	348	366

从表2-8可以看出，中职生退学人数呈现逐年增加的趋势，2013年全国中职生退学人数为52.96万人，是2006年退学人数24.45万人的2倍多，除湖南、江苏和浙江三省退学生略微减少，其他省份全部是退学数增加。从退学率来看，2006~2013年也是逐年上升，从2006年的1.64%上升到2013年的3.45%，为这几年最高值。退学人数的增加和退学率的增大都表明学生对中等职业教育服务质量不认可，因此选择退学。2006~2013年各省份中职生退学数的标准差呈现逐年增大趋势，表明各省份之间退学人数的绝对差异变大。2006~2013年，各省份退学数的极差率都是三百倍以上，甚至在2009年达到三千倍以上，说明各省份退学人数最大值和最小值的差异非常大。退学数最多的省份，2006年是湖南，2007年和2010年是四川，2009年是广西，2008年、2011~2013年都是广东。退学数最少的省份一直是西藏。

综上所述，2006~2014年，各省份招生数存在一定差异，招生数增加的省份多是西部地区，中、东部地区招生数都是减少。各省份退学数之间的差异逐年增大，并且在31个省份中，有28个省份退学数都是增加。

（三）中等职业教育公办与民办学校的比较

民办教育在我国由来已久，早在改革开放初期，就有很多企业家为了培养企业后备军纷纷出资办学。2006年教育部出台了《关于大力发展民办中等职业教育的意见》，更是从国家的角度为民办中等职业教育发展提供了良好的政策环境。但总体而言，民办中等职业教育规模同公办教育规模相比差距还是较大，见表2-9。

表2-9 中等职业教育公办与民办院校在校生数（2003~2014年）[1]

年份	公办在校生数(万人)	民办在校生数(万人)	公办/民办
2003	1256.73	79.38	15.83
2004	1409.25	109.94	12.82
2005	1600.04	154.14	10.38
2006	1809.89	202.63	8.93
2007	1987.01	257.54	7.72
2008	2087.09	291.81	7.15
2009	2195.17	318.1	6.90
2010	2238.50	306.99	7.29
2011	2205.33	269.25	8.19
2012	2113.69	240.88	8.77
2013	1922.97	207.94	9.25
2014	1802.9	189.57	9.51

由表2-9可见，公办中等职业教育与民办中等职业教育的发展差距呈现出先缩小后又增大的趋势。在2003年差距最大，公办在校生数是民办的15.83

---

[1] 数据来源：《中国教育统计年鉴》和《全国教育事业发展统计公报》。

倍，到2009年它们的差距最小，公办是民办的6.9倍。随后差距又开始增大，到2014年，公办是民办的9.51倍。2009年恰好是中等职业教育实施免费政策的第一年，正是因为免费政策的实施使民办中职学校面临更大的挑战，发展举步艰难，所以很多民办学校纷纷倒闭，导致民办中职教育规模大量萎缩。

三、广西地区中等职业教育需求的现状分析

笔者选择广西壮族自治区（简称广西地区）作为调研对象是基于以下两点：第一，笔者在广西大学工作，曾在两所中职学校兼职上课，所以比较了解广西地区中职教育的发展情况，并便于开展调研工作。第二，广西地处西南边疆，是一个人口居多、经济落后的少数民族聚集区，农业基础薄弱，农村劳动力人口素质较低，企业的发展没有达到全国平均水平，非农产业欠发达，这严重影响了广西社会经济发展。随着西部大开发战略的实施，中国—东盟经济贸易区建成，北部湾经济区开放开发、珠江—西江经济带建设上升为国家战略，21世纪"海上丝绸之路"建设等战略机遇的牵引下，广西地区经济发展面临大好时机。2012年，广西提出以产业结构优化升级为重点，循环经济为着眼点，优化发展食品、汽车、石化、电力、有色金属、冶金、机械、建材、造纸与木材加工、电子信息、医药制造、纺织服装与皮革、生物、修造船及海洋工程装备等"14个千亿元"产业。❶经济发展必须有技术人才的大力支撑。如何大力发展广西职业教育，培养适合广西经济发展的人才需求，提高劳动者职业技能和创新能力，是广西经济社会发展对教育改革提出的新要求。因此，笔者选择广西地区作为调研对象，以期更好地推进广西地区中等职业教育发展，为广西经济腾飞贡献力量。

（一）广西地区中等职业教育需求的总体概况和未来发展规划

广西位于中国华南地区西部，首府南宁市，下辖有14个地级市，8个县级市（地级市代管），是中国五个少数民族自治区之一，也是中国唯一一个沿海

---

❶ 潘晓明.未来5年广西将基本建成14个千亿元产业[EB/OL].（2015-12-12）[2011-11-21]. http://news.gxnews.com.cn/staticpages/20130122/newgx50fe96a1-6836938.shtml.

自治区。它是西南地区最便捷的出海通道，是中国—东盟博览会的举办地。2014年，广西全区生产总值（GDP）15672.97亿元，比上年增长8.5%。❶整体上，广西经济在全国比较落后，属于欠发达地区。

1. 广西地区中等职业教育需求的总体概况

为全面贯彻落实国家教育发展规划纲要，加快发展广西地区职业教育，增强自身职业教育意识，全面建设职业教育综合改革试验区建设，并充分发挥职业教育建设在广西的应有作用，2008年广西在全国率先实施职教攻坚计划，全区各市县迅速拉开攻坚序幕。在攻坚的3年内（2008~2010年），广西共投入75亿元，资金超过攻坚前10年的总和。❷广西在2009年被教育部确定为区部共建国家民族地区职业教育综合改革试验区，创造出具有地方特色的"广西职教攻坚"模式。三年职教攻坚计划结束后，广西又开始实行5年（2013~2017年）职教攻坚计划。所以，广西中等职业教育在政府大力推进过程中取得了长足的发展，学校数量逐步增加，招生规模逐步扩大，职业教育与普通教育结构更加合理。

据统计，2013年广西地区具有中等学历职业教育招生资格的学校共计306所（含50所技工学校）。招生规模（包括技工学校）为34.68万人，在校生规模（包括技工学校）为92.61万人，毕业生（包括技工学校）为31.41万人，就业率为97.1%。306所学校中，教育部门主管的208所，劳动部门主管的50所，卫生部门主管的18所。公办学校234所，民办61所，企业办11所。其中国家中等职业教育改革发展示范学校32所，自治区示范特色学校70所，立项建设的示范性实训基地126个，示范性专业点235个。广西与教育部共建国家民族地区职业教育综合改革试验区取得重要成果，共建设了4个职教园区，分别是南宁首府职教园区、柳州工业职业园区、北部湾职教园区、崇左国门职教

---

❶ 2014年广西壮族自治区国民经济和社会发展统计公报。

❷ 王军伟，张莹. 广西：职教攻坚3年投入达75亿元[EB/OL].（2015-12-12）[2011-11-21]. http://www.lzgd.com.cn/news/article_view.ashx?id=704211.

园区。❶

为了更清楚地了解广西地区中等职业教育需求的发展状况，笔者依据《广西国民经济和发展统计公报》和《广西教育事业数据分析》，汇总了广西地区2002~2014年的招生数和在校生数，见表2-10和图2-4。

表2-10 广西地区中等职业学校的招生数和在校生数（2002-2014年）❷ 单位：万人

年份	招生数	在校生数	年份	招生数	在校生数
2002	14.58	37.23	2009	27.49	62.89
2003	12.82	32.41	2010	38.09	80.95
2004	12.69	34.42	2011	31.71	84.20
2005	14.69	36.60	2012	31.28	86.24
2006	20.98	46.04	2013	30.36	82.22
2007	23.70	54.06	2014	27.12	78.27
2008	24.90	58.57	2015	—	—

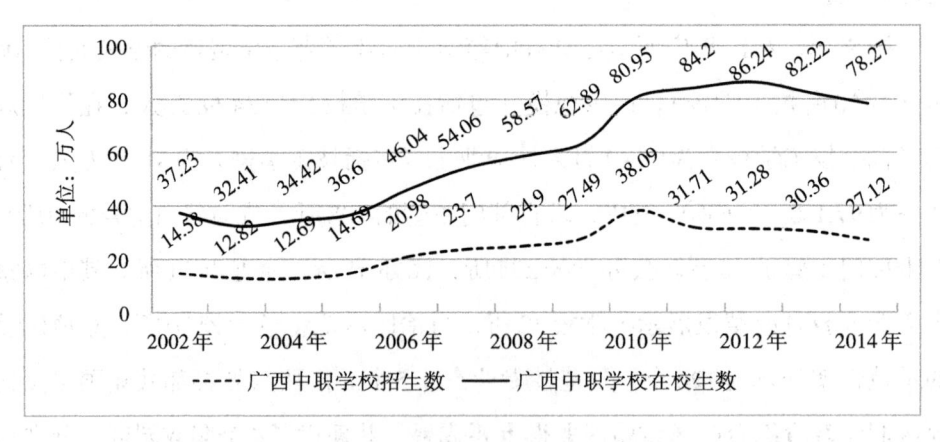

图2-4 广西地区中等职业学校招生数和在校生数变化趋势图（2002~2014年）

---

❶ 秦斌.广西教育发展报告2013年[M].桂林：广西师范大学出版社2014：152-153.

❷ 数据来源：《中国教育统计年鉴》和《广西教育事业数据分析》，招生数和在校生数都不含技工学校。

从图2-4可以看出，广西地区中等职业学校的招生数和在校生数的发展趋势基本相同，招生数从2003~2009年一直呈上升趋势，从2010年开始出现下滑趋势，2014年招生数为27.12万人。在校生数2003~2011年一直呈上升趋势，从2012年开始下降，2014年为78.27万人。

2. 广西地区中等职业教育的未来发展规划

2014年，广西壮族自治区人民政府认真贯彻学习《国务院关于加快发展现代职业教育的决定》，并提出实施意见稿，规划了广西职业教育的发展目标。《国务院关于加快发展现代职业教育的决定》的实施意见提到，到2020年，职业教育规模结构更加合理。在高中阶段，保持中等职业学校和普通高中学校招生规模大体相当；在大学阶段，高等职业教育规模占高等教育的一半以上。到2020年，中等职业教育在校生预计达到90万人，专科层次职业教育在校生预计达到42万人，本科层次职业教育在校生预计占本科教育的50%以上。其次，职业院校区域布局更加合理。规定每县建成1所新型中等专业学校；各市区依据本地区经济规划好若干所中等职业学校，并且必须建立1所高职院校，有条件的市区设立1所应用型本科院校。

（二）广西地区中等职业教育需求的差异分析

广西地区中等职业教育需求的差异分析从以下五个方面展开。第一是广西地区中等职业教育发展在全国的排名；第二是广西地区中等职业教育与普通高中教育的差异分析；第三是广西地区各个市县的差异分析；第四是专业差异分析；最后是公办与民办学校差异分析。

1. 广西地区中等职业教育发展在全国的排名

从表2-11可以看出，广西中等职业教育规模在全国的排名不断上升。在2006年，招生数排名第13，在校生数排名第20；在2010年广西中职教育规模快速扩大，招生数排名上升到第6，在校生数排名上升到第9；2014年，广西中职教育规模继续扩大，招生数维持在第6名，在校生数上升到第6名。从排名位次来看，广西中等职业教育规模比全国其他省份发展相对较快。

表2-11 广西地区中等职业教育发展规模全国排名表

年份	2006年	2010年	2014年
广西招生数全国排名	13	6	6
广西在校生数全国排名	20	9	6

由表2-12可以清晰看出,广西地区中等职业教育综合排名全国第26位,这个名次相对偏后。这也表明,尽管广西中等职业教育发展,从规模上说,发展很快,但从综合实力来看,在全国排名仍然偏后。这表明,广西今后中等职业教育发展的重点应从规模扩大向质量提高转变。

表2-12 中等职业教育综合评价得分全国排名表[1]

第一方阵 (得分>1)		第二方阵 (得分<1)		第三方阵 (得分<0)			
上海	1	广东	6	吉林	12	新疆	22
北京	2	福建	7	宁夏	13	青海	23
天津	3	山东	8	河北	14	黑龙江	24
浙江	4	辽宁	9	湖北	15	陕西	25
江苏	5	重庆	10	安徽	16	广西	26
—	—	湖南	11	江西	17	甘肃	27
—	—	—	—	内蒙古	18	贵州	28
—	—	—	—	海南	19	四川	29
—	—	—	—	云南	20	山西	30
—	—	—	—	河南	21	西藏	31

全国中等职业教育综合发展水平得分为0.316

---

[1] 孙诚,等.中国职业教育发展报告2012[M].北京:教育科学出版社,2013:199.综合评价指标包括:经济社会发展基础、教育经费、教师素质、办学条件、办学成果。

2.广西地区中等职业教育与普通高中教育的差异分析

由表2-13可以看出，第一，只有2010~2013年四年间，广西地区中等职业教育在校生数大于普通高中，其余年份都是普通高中在校生数大于中职学校。第二，从普职比例来说，广西地区的普职比在2005年最大，为1.91:1，表明当年高中教育结构严重失衡，普通高中的学生几乎是中职学生的两倍。之后的几年，普职比例不断下降，教育结构趋向合理，2010~2013年普职比小于1，随后的2014年，普职比虽然有所上升，但基本维持在1:1的比例，为1.07:1。第三，广西地区普职比同全国普职比相比，数值低于全国平均水平，也进一步表明广西地区高中阶段教育结构相对比较合理。

表2-13 广西地区中职和普通高中在校生数比较表❶   单位：万人

年份	中职在校生数	普高在校生数	广西普职比例	全国普职比例
2002	37.23	51.58	1.39:1	1.41:1
2003	32.41	58.51	1.81:1	1.56:1
2004	34.42	65.15	1.89:1	1.58:1
2005	36.60	69.96	1.91:1	1.51:1
2006	46.04	73.97	1.61:1	1.39:1
2007	54.06	75.47	1.40:1	1.27:1
2008	58.57	75.70	1.29:1	1.19:1
2009	62.89	75.28	1.20:1	1.11:1
2010	80.95	75.40	0.93:1	1.08:1
2011	84.20	77.36	0.92:1	1.11:1
2012	86.24	79.58	0.92:1	1.17:1
2013	82.22	81.89	0.99:1	1.27:1
2014	78.27	83.82	1.07:1	1.33:1

3.广西地区各个市县地区差异分析

由表2-14可以得出：第一，2010~2014年，南宁市一直是中职在校生数最

---

❶ 数据来源：《中国教育统计年鉴》和《广西教育事业数据分析》，中职在校生数不含技工学校。

多的城市,防城港市一直是中职在校生数最小的城市。从极差率看,两个城市之间的差异呈现逐年增大趋势。第二,标准差反映的是各个市县之间在校生数的绝对差异,从标准差数值看出,广西地区各个市县之间的在校生数的差距有逐年增大的趋势。第三,广西地区的14市中,在校生数2010~2014年增长的城市只有4个,南宁市、防城港市、百色市、崇左市。其中,南宁市和百色市增长率都为22%、防城港市8%、崇左市5%。其余城市在校生数都是负增长。其中,负增长最大的几个城市是来宾市-32%,桂林市-28%,柳州市-25%。

表2-14 广西各个市县中职学校在校生数(2010~2014年)[1]

广西地区	\multicolumn{5}{c}{广西各地区中职学校在校生数(2010~2014年)单位:人}	2014年相对2010年的增长率(%)
	2010年	2011年	2012年	2013年	2014年	
南宁市	207686	241893	260456	252267	253049	22
柳州市	57478	46684	45761	44823	43109	-25
桂林市	72083	67576	58916	59375	51542	-28
梧州市	49769	44494	43983	43101	41772	-16
北海市	28108	26366	27577	25629	27393	-3
防城港市	8418	11041	11658	10419	9055	8
钦州市	47322	50411	49343	47614	46363	-2
贵港市	50456	58029	64646	50663	49318	-2
玉林市	94657	95889	95332	94011	80737	-15
百色市	47673	53651	55369	56903	58236	22
贺州市	40000	40421	42139	40301	33219	-17
河池市	41967	41831	42539	39591	36156	-14
来宾市	38452	36416	34289	28421	26111	-32
崇左市	25439	27310	30437	29123	26615	5
合计	809508	842012	862445	822241	782675	—

[1] 数据来源:《广西教育事业数据分析》(2010~2014年)。

续表

广西地区	广西各地区中职学校在校生数(2010~2014年)单位：人					2014年相对2010年的增长率(%)
	2010年	2011年	2012年	2013年	2014年	
平均数	57822	60143.71	61603.21	58731.5	55905.36	—
标准差	46034.48	54017.59	58284.51	56859.57	57110.73	—
最大值	207686	241893	260456	252267	253049	—
最小值	8418	11041	11658	10419	9055	—
极差	199268	230852	248798	241848	243994	—
极差率	24.67	21.91	22.34	24.21	27.95	—

4. 专业差异分析

广西地区各专业的招生数从三次产业来看，第一产业呈现先增加后下降的趋势。2007年招生数8411人，到2010年增加为45222人，翻了5倍多。这也许是因为2009年中等职业学校实行免费政策，当时只对涉农专业的学生减免学费，所以为了减轻学费，很多学生选择与涉农专业相关的中等职业学校。之后几年，招生数又开始下降，2014年降为26229人。从第二产业来看，招生人数发展比较平稳，基本维持在6万多人，只有2010年是9万多人，2014年降为5万多人。2014年招生人数相对2007年招生人数减少幅度较小。从第三产业来看，招生人数先增加后又下降，在2010年为最高值23.37万人，在2014年为17.05万人。2014年招生人数相对2007年增幅较小（见表2-15）。综上，广西地区2014年第一产业和第三产业的招生数相对2007年是增加的，第二产业的招生数相对2007年是减少的。并且，第一产业的增加幅度大于第三产业的增加幅度，这表明广西还是以农业为主，开设以第一产业相关专业较多，第三产业发展缓慢，因此第三产业相关专业招生人数增加幅度较小。

表2-15 广西地区各专业招生数（2007~2014年）　　　　　　　　　单位：人[1]

年份 专业	2007年	2008年	2009年	2010年	2011年	2012年	2013年	2014年
农林牧渔类	8411	7951	23979	45222	38117	35536	31136	26229
资源环境类	483	3034	640	334	280	289	217	87
能源与新能源类	605	402	474	683	1161	1438	236	521
土木水利类	2800	2205	3330	5915	5860	7226	6604	6984
加工制造类	65624	61845	55803	89118	65946	60618	59765	47858
交通运输类	17342	19616	26932	38986	36298	41664	43485	40459
信息技术类	59300	60417	52417	83638	58190	57418	55493	44169
医药卫生类	17068	18163	24167	24227	22811	20072	21867	21824
财经商贸与旅游类	41173	44280	41137	59761	50570	54263	49876	34371
文化艺术与体育类	11577	11389	12427	16247	14267	14658	14310	11754
社会公共事业类	8377	6634	4972	6771	4282	3149	4116	1880
师范类	2293	3018	4017	3829	9501	11224	11971	15015
其他	1967	998	2486	255	1992	265	454	1070
第一产业	8411	7951	23979	45222	38117	35536	31136	26229
第二产业	69512	67486	60247	96050	73247	69571	66822	55450
第三产业	159097	164515	168555	233714	197911	202713	201572	170542

注：农林牧渔类属于第一产业；资源环境类、能源与新能源类、土木水利类和加工制造类属于第二产业；其余全部属于第三产业。

5.公办与民办学校差异分析

从表2-16可以看出：首先，广西地区民办中等职业学校的在校生数不断下降，2008年为12.86万人，2014年就降到了8.21万人。其次，公办中等职业

---

[1] 数据来源：《广西教育事业数据分析》（2010~2014年）。

学校与民办中等职业学校的在校生数差距不断加剧,从2008年的4.55倍扩大到2014年的9.53倍,翻了2倍多。最后,广西公办学校与民办学校的差距同全国水平相比,差距要小一些,但2014年与全国水平相当,表明广西民办学校萎缩较快。

表2-16 广西地区中等职业教育公办与民办学校在校生数(2008~2014年)[1]

年份	公办在校生数(万人)	民办在校生数(万人)	广西公办/民办(万人)	全国公办/民办(万人)
2008	58.57	12.86	4.55	7.15
2009	62.89	11.80	5.33	6.90
2010	80.95	12.35	6.55	7.29
2011	84.20	11.15	7.55	8.19
2012	86.24	10.05	8.58	8.77
2013	82.22	9.13	9.01	9.25
2014	78.27	8.21	9.53	9.51

(三)广西地区中等职业教育需求意愿的调查与分析

从招生数或在校生数等官方统计数据对广西地区中等职业教育需求状况考察反映的是需求的最终结果。需求有两个基本要求:一是有支付能力;二是有需求意愿。中等职业教育实行免费政策后,支付能力已不是影响需求的主要因素,而需求意愿成为主要影响因素。需求意愿指的是人们愿意购买某个商品或服务的欲望,是消费者对某种商品偏好的表达,没有需求意愿一定不会产生需求。[2]在一定约束条件下,通过需求意愿的调查,也可以估量需求的大小。

本研究中,学生对中等职业教育的需求意愿是指在一定时期内,学生愿意选择中等职业教育的意愿。尽管需求意愿不能构成需求结果,但需求意愿的强弱对需求结果有重要的影响。下面对广西地区中等职业教育的需求意愿进行调查与分析。

---

[1] 数据来源:《广西教育事业数据分析》(2010~2014年)。
[2] 俞峰.农村社区公共产品的需求意愿和影响因素研究[D].南京:南京农业大学,2009:58.

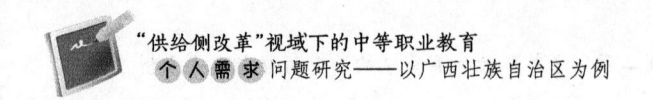

1.调查问卷设计

需求意愿反映的是一个人对某种物品或服务的主观看法。如果主观看法是积极的，需求意愿就强；反之则需求意愿就弱。有的学生选择职业教育，不一定是基于自己的主观愿望，也许是被迫选择或是无奈选择。在中等职业学校学习的学生到底是基于什么样的原因选择中等职业教育？选择前和选择后他们的需求意愿有什么变化？基于以上的思考，笔者通过问卷调查和访谈调查了解广西地区学生对中等职业教育的需求意愿。

问卷设计的维度和具体问题如表2-17所示。

表2-17 中等职业教育需求意愿调查表

题项	说明
1.中考前,你倾向于读职业学校还是普通高中? ①职业学校；②普通高中；③不清楚 2.目前,你倾向于读职业学校还是普通高中? ①职业学校；②普通高中；③不清楚	1和2都是单选题,考察学生选择职业教育前后的需求愿望变化
3.你参加中考了吗? ①参加；②没参加 4.初三时,你的学习成绩上普通高中(非重点高中)有困难吗? ①非常难；②比较难；③不清楚；④基本困难；⑤根本没困难 5.如果你学习成绩很好,完全能考上普通高中,你会选择 ①职业学校；②普通高中；③不清楚	3~5都是单选题,考察学习成绩对学生选择职业教育或是普通高中教育的作用
6.你选择上职业学校的主要原因? ①学习成绩较差,没考上普通高中,只能上职业学校；②认为自己适合接受职业教育,动手能力较强；③家庭经济支撑上大学有困难,为了尽早就业,减轻家庭经济压力；④职业学校学习压力小,学习任务轻松；⑤职业学校有自己喜欢的专业,并且容易就业；⑥接受职业教育既减免学费、享受补贴,又可以学习技能；⑦通过职业学校考大学,而且竞争不强；⑧父母替我选择的；⑨其他	多选题,考察学生上职校的动因

2.调查对象

调查对象主要为广西地区中等职业学校一年级的学生,之所以选一年级的学生是因为中职一年级的学生对职业教育的认识同初三时的变化相对较明显,这样可以更好地反映学生对职业教育认识的变化。具体学校包括：广西物资学校（南宁市）、博白县中等职业学校（玉林市博白县）、崇左东盟职业技术学校（崇左市）、广西右江民族商校（百色市）、贵港市民族职业学校（贵港市）、贵港市职教中心（贵港市）、桂林旅游中等专业学校（桂林市）、玉林第一职业技术学校（玉林市）、张艺谋漓江艺术学院（桂林阳朔县）、南宁机电学校（南宁市）。学生的专业包括：电子应用与维修、汽车应用与维修、会计、计算机、广告设计、电子商务、文秘、烹饪、数控技术、学前教育、服装、机电设备安装与维修、物流、舞蹈、音乐等。共计发放问卷900份，回收有效问卷782份，回收率86.89%。

3.调查结果与分析

第一题："中考前，你倾向于读职业学校还是普通高中？"在调查对象中，54.3%的学生选择普通高中，27.7%的学生选择职业教育，18%的学生不清楚。这表明在中考前学生的需求意愿还是偏向于普通高中教育。

第二题："目前，你倾向于读职业学校还是普通高中？"在调查对象中，49.3%的学生选择职业教育，28.8%的学生选择普通高中，21.9%的学生不清楚。这表明学生在接受职业教育过程中，需求意愿同中考前发生了一定的变化，现在更偏向于职业教育，提高了21.6%，提高幅度较大。为什会有这么大的变化呢？笔者通过对几个中职学生的访谈为我们展示了真实的原因。

问：中考前你们偏向选择普通高中而现在偏向选择职业教育，为什么会有这种变化呢？

答：中考前，我们初中老师都是强调普通高中好。尽管我们学习成绩不太好，老师还是叫我们努力一下，争取上普通高中。现在来到职业学校，感觉学习比较轻松，这里的老师也让我们对职业教育有了进一步的认识。学习一门技能挺好，不一定非要上大学。只要我们技术好，挣钱也不少，也不比大学生差啊。

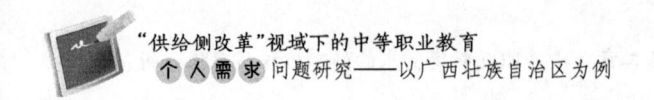

问：你们学校每学期有各种考试吗?

答：很少，一学期就一次期中考试，而且也容易过关。我的初中好友上了普通高中，学习压力大得很，经常各种考试、测试，很烦。我们需要考技能证，也许这个困难些。

问：你对选择上职业学校满意吗?

答：整体感觉不错，挺满意的。

从上述的访谈可以看出，学生上了职业学校后，对职业学校有了进一步的了解，教师也不断增强职业教育的重要性，这样就鼓舞了学生的信心。加之职业学校学习比较轻松，学校文化活动丰富，学生对学校生活比较满意，所以很多学生会继续选择职业教育。

第三题："你参加中考了吗?" 36.8%的学生参加了中考，63.2%的学生没有参加中考。笔者问一些学生为什么不参加中考? 反映是学习成绩太差，上普高没希望，所以不愿意去。

第四题："初三时，你的学习成绩考普通高中（非重点高中）有困难吗?" 19.3%的学生选择非常难，59.7%的学生选择比较难，10.8%的学生不清楚，10.2%的学生选择基本困难，没有学生选择第五项，根本没困难。由此可以看出，选择中职的学生成绩普遍不好，才转而考虑上中职学校。

第五题："如果你学习成绩很好，完全能考上普通高中，你会选择上什么学校?" 31.8%的学生选择职业学校，47.6%的学生选择普通高中，20.6%的学生不清楚。这题也反映出，学生在成绩较好的情况下不会考虑上中职学校。

下面是笔者与南宁一所中职学校[1]负责人的一次访谈。（节选）

问：贵校是广西地区数一数二的示范中职学校，对招收学生的学习成绩有要求吗?

---

[1] 这所中职学校在广西是办学质量排名前几位的学校。

答：没有，只要学生拿户口本和毕业证就直接注册入学。现在招生还是比较难，哪敢拒绝前来的学生。

问：贵校学生的学习成绩整体情况如何？

答：一般我们是按学生的中考成绩来看。进入我们学校的学生有些没有中考成绩，这些学生成绩肯定很差，因为太差就不愿意去了。有中考成绩的学生，基本都是C或D级，B级也有，但比例相当低。我们的文化课教学基本维持在初三或高一的水平，不会再向前深入学习，要不学生接受不了。

问：贵校有从普通高中转来的学生吗？如果有，大概是什么原因？

答：每年都有一些，一年大概10来个学生，基本都是从高一下学期转来。主要原因都是普通高中学习成绩不好，跟不上，学生不想学习，家长只能送孩子来职业学校。

问：学校成绩较好，中途想转去普通高中学习的学生有吗？

答：我没遇见过这样的学生，似乎也没有渠道为成绩好的学生转去普通高中提供便利。我区普通高中一般不收中职转去的学生，民办高中有可能。学习成绩好的学生可以通过我们职校上大学，但所选的学校受限制。我们的学生在学校拼的不是成绩而是技术，文化课学得浅，很难与普通高中学生竞争。

问：学习成绩较好，但因家庭经济困难来选择上中职学校的学生多吗？

答：中等职业教育刚实行免费政策时，这样的学生也许多一些。但现在基本很少了，随着家庭收入水平的提高，高等教育助学贷款和补助的完善，大部分家庭还是可以支持孩子完成学业的。

从第三题至第五题的调查数据以及访谈记录来看，学习成绩基本是普通高中和中等职业学校的分水岭，成绩好的上普通高中，成绩差的上中职学校。学生对中等职业学校的需求意愿也源于对自己学习成绩的评估。如果上普高有希望，需求意愿倾向于普高。如果成绩不理想就转而倾向于职业教育。

第六题："你选择上职校的原因是什么？"这是一道多选题，调查结果见表2-18。

表2-18 学生选择上中等职业学校的原因

选项	频数	百分比(%)	排序
①学习成绩较差，没有考上普通高中，只能上职业学校	402	25.82	7
②认为自己适合接受职业教育，动手能力较强	666	42.77	2
③家庭经济支撑上大学有困难，为了尽早就业，减轻家庭经济压力	506	32.50	6
④职业学校学习压力小，学习任务轻松	633	40.66	4
⑤职业学校有自己喜欢的专业，并且容易就业	862	55.36	1
⑥接受职业教育既减免学费、享受补贴，又可以学习技能	646	41.49	3
⑦通过职业学校考大学，而且竞争不强	563	36.16	5
⑧父母替我选择的	166	10.66	9
⑨其他	318	20.42	8

从表2-18统计数据看出，选项最多的是⑤，占到总人数的55.36%，表明一半以上的学生选择职业教育是出于就业的原因，这也反映了学生对职业教育选择趋向理性。②⑥④这三项选择的人数都达到了40%以上，表明学生既考虑了自己的学习能力，又兼顾了职业学校的优势，以更加客观和全面态度来看待职业教育，并且这种选择是一种主动选择而不是被动选择。选项③有32.5%的比例，排序第六，表明只有1/3的学生上中职学校是由于经济原因，并且相对其他原因排序较为靠后，这也与笔者同职校负责人谈话了解的信息一致。选项①占25.81%的比例，排序第七，表明仅有1/4的学生承认自己是因为学习成绩不好才选择上职业学校。尽管中职生学习成绩相对较差是事实，但他们不愿意被贴上"差生"的标签，希望通过学好一门技能来展示自己的能力。选项⑧仅有10.66%学生选择，表明学生自主意识增强，不再依赖父母，而是自己真实的意愿。综合上述分析，不难发现以下情况：

第一，学生对中等职业教育的需求意愿是有变化的，随着对职业教育的认识和了解，学生的需求意愿发生改变，并倾向于选择职业教育。

第二，学习成绩对学生需求意愿的影响是关键因素。如果学生的学习成绩上普通高中有希望，需求意愿就倾向于普高。如果成绩不理想就转而倾向于职业教育。

第三，学生对中职教育的选择更趋向理性，经济条件不再是影响学生选择职业学校的主要因素，而学校的就业保证对学生的职业教育选择正成为最主要的影响因素。

四、本章小结

从新中国成立伊始，中等职业教育从无到有，经历了曲折的发展历程。1954年，政务院发出《关于改进中等专业教育的规定》，并批准《中等专业学校章程》，以及同年劳动部制定了《技工学校暂行办法》《工人技术学校标准章程》，标志着中等专业教育制度和技工学校制度的确立。职业高中是"文化大革命"后，国家在1980年规定把部分质量较差的普通高中改制成职业高中。至此，中等职业教育所包括的三种学校都基本形成。1985年5月，国务院公布了《中共中央关于教育体制改革的决定》，中等职业教育进入了发展的黄金时期。1985~1998年，中等职业教育一直是学生和家长梦寐以求的好学校。但到了1999年，随着高校扩招和中等职业教育招生并轨政策的实施，中等职业教育饱受歧视，无人问津。当时很多学生宁愿外出打工，也不去中职上学。为了扭转这种局面，国家采用了许多措施来大力支持中等职业教育发展，如免试入学、扩大招生对象（可面向下岗工人、农民工、退伍军人等）、助学金政策、免学费政策等。在国家的大力支撑下，中等职业教育开始艰难的复兴，取得了一定的成绩。2010年招生数达860万人，为历史上人数最多年份，但随后几年又开始下滑，中等职业教育发展仍然面临危机。

中等职业教育是高中教育的重要组成部分，它与普通高中教育相比，不管从招生数还是在校生数来看，两者比例不断变化，时而职业教育超过普通高中教育，时而普通高中教育又超过职业教育，但目前的趋势是普通高中教育超过职业教育，2014年在校生数的职普比为1∶1.33，表明两者发展失衡。中等职业教育需求的地区差异与地区经济紧密相关。从各省的招生数分析，表明各省中等职业教育招生数差异加剧，并且从2006年至2014年看，招生数增大的省份基本上是西部地区，招生数减少的省份多是中、东部地区。各省的退学人数从2006年至2013年看，除江苏、浙江和湖南三省除外，其他各省都呈现出增长趋势，表明中等职业教育质量堪忧，很多学生选择了职业教育，由于对学校质量不满意，转而又放弃。全国公办和民办中等职业教育的比例在不断缩小，但整体上民办中等职业发展不足，2014年公办学校是民办学校的9倍多。

广西地区中等职业教育从招生规模上看，从2006年的全国排名13位上升到2014年的全国排名第6位，其发展速度较快。但从综合发展水平排名看，广西在全国排名26位，名次相当偏后。表明广西地区中等职业教育在注重扩大规模的同时，质量问题没有同步跟进。区内中等职业教育和普通高中在校生的比例近几年都基本维持在1∶1的比例，高中教育结构比较合理。广西中等职业教育需求的地区差异明显，2010~2014年，有的城市招生人数是正增长，如南宁市22%；有的城市是负增长，如来宾市-32%，两者差距较大。区内中等职业教育的专业差异也较大，2007~2014年，与第一产业和第三产业相关专业的招生数是增加的，和第二产业相关专业的招生数是减少的。广西中等职业教育公办学校同民办学校的差距较大，2014年公办学校是民办学校的9.53倍。

广西地区中等职业教育的需求意愿在中考前，学生倾向选择普通高中教育，而一旦进入职业学校学习，随着对职业教育的认识和了解，需求意愿转而倾向于职业教育。其次，学习成绩对学生需求意愿的影响是关键因素。如果学生的学习成绩上普通高中有希望，需求意愿就倾向于普高。如果成绩不理想就转而倾向于职业教育。最后，经济条件不再是影响学生选择职业学校的主要因素，对学生职业教育的需求意愿影响减弱，而学校的就业保证对学生的职业教育选择正逐渐成为最主要的影响因素。

第三章 供给方式对中等职业教育需求的影响

供给方式是从宏观的角度分析对需求的影响。不同供给方式代表着资源配置方式的差异，因而供给效率也不同。高效率的供给方式，资源得到合理配置，各方利益均衡协调，供给主体积极性高，因而能够提供高质量的供给产品，最终形成对需求的刺激。在现代社会，教育对国家和个人都具有非常重要的意义。因此，选择合理、有效的供给方式向公民提供优质教育就异常重要。产品的提供方式取决于其属性，所以正确认识教育产品的属性，就成为确定其供给方式的前提。而产品属性，在特定情况下，取决于其对社会目标的价值。所以认识产品对社会目标的意义，便成为讨论其供给方式的起点。[1]

本章探讨中等职业教育供给方式对需求的影响。首先，界定清楚中等职业教育产品属性，这是中等职业教育供给主体选择的理论基础，同时分析每种供给方式的优劣；其次，进入现场实景，从交易费用和学生需求两个维度对每种供给方式的典型案例进行分析和比较；最后，通过典型案例剖析，得出有效选择中等职业教育供给方式的建议。

一、中等职业教育的供给方式

（一）中等职业教育产品属性界定

中等职业教育产品属性是探讨其供给问题的逻辑起点，不同属性的产品适合不同的供给方式，也是准确定位政府和市场在职业教育供给地位的重要理论依据。中等职业教育的产品属性如何？多数学者认为中等职业教育属于准公共

---

[1] 乔锦忠.教育供给方式的新变化[J].北京：人民教育出版社，2003（6）：24.

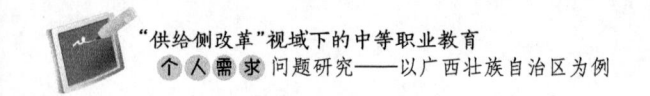

产品，是因为中等职业教育具有很强的正外部性，它提高了劳动生产率，促进了国家经济发展，同时也提高了国民素质，这些效用既不能分割也不能排他，所以属于准公共产品。但准公共产品的非竞争性和非排他性并不是一成不变的，随着技术的进步、外界条件变化都可能引起产品属性在纯公共产品和私人产品之间的变化。只有对中等职业教育准公共产品的性质和特征深入分析，才能对其设计合理的供给机制和制度安排。

中等职业教育既经历了入学竞争激烈的黄金期，也有过无人问津的衰退期；既有收费阶段，也有免费阶段。根据公共产品消费的非竞争性和非排他性，本研究按照中等职业教育不同发展阶段的特点，对其各个阶段的产品属性进行分析。

第一阶段，中等专业学校招生并轨前（1997年前），中等职业教育是强竞争性、弱排他性的准公共产品。如第二章所述，1985~1998年是中等职业教育发展的黄金时期，那时的中专毕业生国家100%安排工作，毕业后身份从"农民"转为"干部"，属于"干部"编制，它是很多家庭的第一选择，并且只有学习成绩非常优越的学生才能考上中职学校。所以，中等职业学校入学竞争非常激烈，职业教育资源有限。每年中职学校都制订招生计划，当超过招生计划数量时，它的消费就会出现"拥挤"，也就是公共产品的"拥挤点"，这时增加一个学生消费，就会引起其他消费者的减少，边际成本大于零，即具有消费的"竞争性"。从排他性来说，当时中职学校不收取学费，无法排除其他人对其收益的享受。所以，这期间中等职业教育是强竞争性、弱排他性的准公共产品。

第二阶段，中等职业学校招生并轨后到中等职业教育再次实行免费（1998~2009年），这期间中等职业教育是弱竞争性、强排他性的准公共产品。招生并轨后中等职业教育失去了往日的"吸引力"，加之"普高热"的迅速膨胀，中等职业教育逐步沦为学生无奈的选择。这期间很多中职学校开展招生大战，吸引生源，并且实行"注册入学"和"免试入学"，对学生的入学成绩不做任何要求。其中很多中职学校由于招不到学生，都面临倒闭，学校很难维持下去。从竞争性来说，中等职业教育资源供给充分，却无学生愿意消费，无消费上的竞争性，增加一个学生的消费不会影响其他学生的消费，不会增加生产成本。但另一方面，由于这期间中职学校是不免学费的，并且比普通高中教育学费偏高，通过收费从技术上做到了排他，所以这期间中等职业教育是弱竞争性、强排他性的准公共产品。

第三阶段，中等职业教育再次实行免费政策（2009年）之后，这期间中等职业教育是弱竞争性、弱排他性的准公共产品。2009年之后，全国各个地区在不同程度上，中等职业教育都还存在招生困境，入学竞争不强，对学生的成绩仍不做任何要求，学生只要愿意选择中等职业教育，有足够的职业学校可以提供上学机会。中等职业教育资源相对充沛，招生指标富裕（除个别学校的个别专业），学生消费不存在竞争性，即增加一个学生消费不会减少其他学生消费，也不增加生产成本。从排他性来说，免除学费就不能从技术上排除其他人对其收益的享用。所以，这期间中等职业教育是弱竞争性、弱排他性的准公共产品。

从上述分析看出，中等职业教育产品属性不是一成不变的，它是随着外界条件的变化发生了一定的改变。公共产品属性的变化必然影响公共产品供给主体的选择。在公共产品的属性中，公共产品的非排他性及其程度差异是影响公共产品供给主体选择的直接因素，非竞争性及其程度差异是影响公共产品供给主体选择的间接因素。❶准公共产品存在着非排他性和非竞争性的程度差异，这为公共产品供给主体作用边界的转换创造了条件。2009年中等职业教育免费政策实施后，其产品属性更接近纯公共产品。因为它消费的竞争性和消费的排他性都减弱，再加上中等职业教育的正外部性也越来越凸显。中等职业教育产品属性的变化也意味着中等职业教育供给中，政府要承担更多的责任。只有政府供给才能更好地克服"市场供给"所带来的中等职业教育消费不足或供给不足的局面。

---

❶ 梁学平.中国公共物品的供给研究[M].天津：南开大学出版社，2014：43.

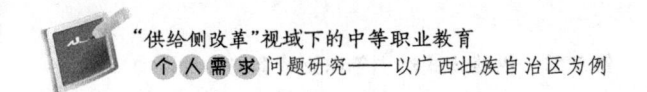

（二）中等职业教育供给方式分析

中等职业教育供给方式主要有三种：政府供给方式、企业供给方式和多主体供给方式。第三部门供给在教育领域主要是针对一些贫困地区儿童、留守儿童或残疾人的特殊帮助。如中国青少年基金会实施的"希望工程"等。所以，在中等职业教育领域不探讨第三部门供给方式。

1.政府供给方式

中等职业教育政府供给方式就是指公办中等职业学校。公办中等职业学校由国家财政拨款出资建立学校。政府采用自上而下的强制性公共决策供给。在中等职业教育供给中，政府占主导地位，即政府供给是主要方式。目前，从全国范围来看，2014年我国公办中等职业学校有1.19万所，民办中等职业学校仅有2343所，公办是民办的5倍；公办在校生数是1802.9万，民办在校生数是189.57万，公办是民办的9.51倍。[1]从广西地区来看，2014年公办中等职业学校有262所，民办中等职业学校有82所，公办是民办的3.2倍，广西地区公办中等职业学校在校生数是78.27万人，民办在校生数是8.27万人，公办是民办9.53倍。[2]无论从学校数量还是在校生数看，公办中等职业学校都具有绝对的规模优势，这也是中等职业教育产品属性所决定，政府是供给中等职业教育的最优供给主体。其供给方式主要有以下几个优点。

第一，保证中等职业教育供给数量，为学生提供充足教育机会。中等职业教育作为一种更接近纯公共产品的准公共产品，政府供给可以防止"搭便车"行为，保证充分供给，减少市场供给所带来的供给不足问题。企业供给是为追求利润，如果不付费也能享受服务，加之市场价格机制的失效，企业就没有供给公共产品的动力。中等职业教育如由企业供给，在没有一定收益的情况下，企业不会主动提供中等职业教育。政府作为旨在管理公共事务的专门机关，拥有供给公共产品的天然优势。对于中等职业教育来说，政府利用财政资金建立

---

[1] 全国教育事业发展统计公报（2014年）。
[2] 广西教育事业数据分析（2014年）。

中等职业学校，可以保证大多数学生享有高中阶段的教育机会，同时也为社会培养大量技术型人才。我国政府多次要求，保持中等职业教育与普通高中教育招生规模大体相当。这意味着将有一半的初中毕业生接受职业教育，只有政府才有实力和能力来举办中等职业教育以满足学生的教育需求。此外，中等职业学校学生大多来自社会中下阶层家庭，家庭的支付能力一般较低，而公办中等职业教育实行免费政策后，就为更多贫穷家庭的孩子创造了上学机会，一定程度上保证了教育公平。

第二，公办中等职业学校社会认可度较高。公办职业教育由政府承办，有经费保证，有教学质量的监督，有正规文凭的发放，学校一般不会倒闭，所以在老百姓眼里，公办职业教育就是有保障的教育。他们对民办职业教育存在比较严重的偏见主要是因为：首先，对民办职业教育的公益性认识存在较大偏差，认为民办职业教育机构的举办者就是为了营利，学校只想赚钱不管教学质量，因而对民办职业教育持有一定程度上的怀疑和否定；其次，受传统的观念影响，人们总是认为公优于私，私不如公。一般来说人们的择校观念是先公后私，相当多家长不愿让子女进民办中等职业学校，只有在无路可走的时候，才会采取强制替代的方式，选择民办职业教育；最后，我国确实存在一些质量不合格的民办职业院校，影响了整个民办职校的声誉。因此，公办中等职业教育比民办学校社会认可度高，在招生市场上拥有绝对的优势。

当然，政府供给方式也不是完美无缺的，同样面临一些不足。

第一，政府供给不均衡现象严重。政府供给中等职业教育时，由于"有限理性和偏好"，对中等职业教育的供给上表现为对"好坏"学校的不均衡，再加上政府官员为了追求政绩，倾向于向好的学校投入，导致发展不均衡。2010年，教育部、人力资源和社会保障部、财政部颁布了《关于实施中等职业教育改革发展示范学校建设计划的意见》，中央财政决定投入100亿元，分三批遴选支持1000所中等职业学校深化改革，为全国职业教育改革发展发挥引领示范作用。被遴选上的中等职业学校不但能从国家获得资金支持，还能从各地政府获得一定的经费支持，相对办学条件和办学质量都会得到较大改善。与此相反，没有被遴选上的学校就没有经费支持，学校开展各种活动都会受到限制。这样就形成了"马太效应"，好的越好，差的越差。《中等职业教育国家资助政策落实效果评估报告》显示，部分国家示范校的生均投入费用约为未评上等级学校的3~4倍，两者投入经费的差距导致学校基本建设差异不断加大。笔者曾调研了桂林市旅游职业中等专业学校，这所学校是国家首批中等职业教育改革发展示范学校。学校的一位负责人说："现在职业学校发展的大环境很好，不管政策上还是经费上都比较优越。前一阵，厅里实施了一个职业教育改革项目，大概有500万元经费，要各个学校申报。我们学校申报了，但厅里不满意，叫我们重新申报，说这笔经费就想给发展比较好的学校。"从这位负责人的谈话中可以看出，经费都流向了好的学校，薄弱学校很难获得支持，这就导致了资源分配的不均衡性。这也充分显示了政府供给的局限性，不重视市场的作用，强化了政府的调控管理，造成中等职业教育供给不均衡。

第二，无法满足学生的差异需求。政府供给中等职业教育满足的是中位需求，即大多数人的需求，而现实中有些学生对职业教育的需求，表现出一定的超前性、特殊性和个别性，属于一种"差异需求"。政府供给由于自身存在的局限性，既无能力顾及这种差异需求，也会造成资源配置的低效率。随着人们生活水平的提高，而学生或家庭对职业教育的需求也越来越呈现多样化和高层次性的需求。如前所述，中等职业教育个人需求分为基本需求和差异需求。其中，差异需求实质反映的就是学生对职业教育服务多样化和个性化的需求。在笔者调研的学校中，有的学生提到，希望中职学校对口升学的大学能有更多的选择；希望能和国外的一些中职学校合作，实行联合培养；希望开设手编织专业、木偶与皮影表演等。综上所述，学生对中等职业教育的需求呈现出越来越多样化和差异化。

从广西的情况来看，政府供给也存在这些问题。如目前广西地区中等职业学校对口升学可选的最优秀大学是广西师范大学和桂林理工大学，而广西大学、广西民族大学等区内一流大学都不收职业学校的学生；有的学生希望去省外大学读书，或去省外企业就业，而目前广西地区中职学校基本是在区内解决就业，省外就业的比率很低；有些学生对各种民族手工业专业感兴趣，如广西的刺绣，但这些专业都没有开设。这些学生的差异需求，政府供给都不能很好地满足。政府是用行政手段调控学校的各项工作，与市场联系不紧密，很多新的专业发展趋向和新的培养模式都相对滞后，无法满足学生的差异需求。

第三，工作效率低下。首先，公办中等职业学校由政府出资办学，办学经费有保证，同时学校的各种约束机制和监督机制缺失，使公办学校无办学成本压力。在学校的各项经费支出中，决策者和执行者总是追求自身效用最大化，忽略消费者的利益，从而导致资源分配不合理，学校经济效率低下。其次，公办学校与教师聘任合同不完全，双方的责、权、利规定不清晰，导致很多教师懈怠工作职责，积极性不高，人心涣散，只拿基本工资，不关心学校发展。最后，学校其他教职员工也大量存在着资源浪费、人浮于事、教学和科研水平过低和对学生不负责任等现象。

2.企业供给方式

中等职业教育企业供给方式主要是指民办中等职业学校。民办中等职业学校一般由企事业单位、社会团体及其他社会组织、公民个人等运用非政府财政性教育经费在社会举办职业学校，一般以收费的形式补偿办学成本并希望获得利润的一种供给方式。我国民办中等职业教育的办学主体以企业为主。企业一般租用政府的用地，自己出资建立学校的教学楼、宿舍、操场、办公楼等。学校建成后，政府审批学校的办学条件和资质，并在有关方面给予一定的优惠政策，学校达到办学条件就可以正式招生，发放的文凭得到国家的认可。民办中等职业教育一般是按照市场的方式来运作，独立决策，自由选择，并在政府监控下执行。表3-1展示了2003~2014年我国民办中等职业学校的数量和在校生数。

表3-1 中等职业教育民办院校的在校生数和学校数（2003~2014年）[1]

年份	在校生数（万人）	学校数（所）
2003	79.38	1382
2004	109.94	1633
2005	154.14	2017
2006	202.63	2559
2007	257.54	2958
2008	291.81	3234
2009	318.10	3198
2010	306.99	3123
2011	269.25	2856
2012	240.88	2649
2013	207.94	2482
2014	189.57	2343

由表3-1可以看出，我国民办中等职业教育规模在2003~2014年呈现先增加后减少的趋势。在2009年在校生数达到最高值318.1万人，随后一直下滑；在2008年学校数量达到最高值3234所，随后一直下滑。民办中等职业教育规模不断减少的趋势不仅仅受中等职业教育发展下滑的影响，同时民办教育缺少良好的发展环境也是主要的原因。

我国民办中等职业学校数量尽管较少，但它也有很多优势是公办学校无法比拟的。

第一，满足学生的差异需求。中等职业教育的个人需求越来越多元化、差异化。民办中等职业学校在同公办院校竞争的过程中，始终是靠办学特色来吸引学生，而办学特色体现的就是民办学校满足了学生各种差异化的需求。如南宁信息工程职业技术学校，是建立于南宁市的一所民办院校，他以广西润建通讯股份有限公司为依托，连同广西移动、广西联通、广西电信三家企业，实行

---

[1] 数据来源：《中国教育统计年鉴》和《全国教育事业发展统计公报》。

"招生=招工=升学，毕业=就业"一站式办学模式，毕业生100%推荐工作。在学员安置就业之后，学校还要在学员就业部门跟踪指导三个月，协助学员适应工作。如此周全的就业服务，为这所民办中职学校吸引了不少生源。张艺谋漓江艺术学校，是坐落在广西桂林阳朔县的一所民办中等职业学校，这所学校只开设两个专业，舞蹈表演和音乐，每年培养的学生都去参加当地《印象·刘三姐》实景演出，这为学生提供了很好的舞台表演机会，同时毕业后学生还可以去全国各地实景演出基地和文化艺术团工作。这所学校专业设置的特殊性及培养人才的特殊性极大地满足了学生的差异需求，因此也使这所民办学校在广西地区备受艺术类学生欢迎。

第二，办学成本较低。民办中等职业学校在办学过程中由于前期建校成本的压力，学校必然会采取各种措施压缩成本，注重成本核算。首先，民办中等职业学校不养闲人，领导班子精简高效，每一个老师都有一定的工作任务，并定期考核，以保证学校的工作效率；而公办职业学校，由政府出资，无核算学校办学成本压力，人员众多，机构重置，工作效率较低。其次，民办中等职业学校普遍采取租赁校舍和实习设备的方式，或本身企业自己就有实习基地，基础设施投入较少，因此办学成本投入少。最后，民办中等职业学校多是聘请兼职教师，上一次课给一次课时费，不需要为教师的"五险一金"上保险，这样也为学校减轻了不少成本。

第三，民办中等职业学校适应劳动力市场的需求。民办中等职业学校最大的特点就是不受政府直接管控，主要按照市场方式运作，对市场反应灵敏，市场需要什么样人才就开办什么样的专业，不受市场欢迎的专业会立刻停止招生，因而它的专业设置比较贴合劳动力市场需要。如文秘专业，以前比较受市场欢迎，但最近几年，市场不需要，民办学校立刻停办此专业，但有些公办学校还在继续开办，跟不上市场变换的速度。

民办中等职业学校充分利用了社会闲散资金，有力地补充了我国政府供给中等职业教育的不足，但民办中等职业学校在办学过程中也暴露了一些现

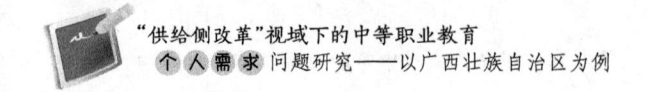

实问题。

第一，民办中等职业学校运转经费困难。目前，我国民办中等职业学校的办学经费主要靠自筹资金，国家并无经费上的支持，只有一些税收的减免政策。学费、接受的赞助或捐赠、学校的经营利润等是民办职校经费的主要来源。公办中等职业院校实行免费政策后，对民办中等职业教育发展带来极大危机，因为无法靠收取学费来弥补办学成本。据笔者调研，广西地区民办中等职业院校现在都基本实行免学费政策，在不能收取学费的情况下，民办中等职业学校真是在夹缝中生存。一位民办学校的负责人告诉我们，他们现在仅靠国家给每一个中职生的学费补助来维持学校平日基本运转。目前广西地区很多民办中职学校都倒闭了，就是因为资金短缺，无法弥补办学成本。他们学校之所以能生存下去是因为他们的校舍是投资人用自己公司的一块土地建立起来的，不存在每年偿还租金的压力。所以，学校目前还能勉强维持发展。此外，我国社会团体或个人的捐赠和赞助体制发展不完善，捐赠或赞助的经费数目非常有限，民办中等职业教育很少能获得这些资助。最后，民办中职学校招生成本也比公办学校高。《中等职业教育国家资助政策落实效果评估报告》显示，据粗略统计，每招一个学生，公办学校出差、宣传和给初中的奖励，平均成本为200~1000元，而民办学校的平均成本为600~2500元，几乎相当于半年或一年的学费。从广西地区调查数据显示，2008年，民办中等职业教育有156所，在校生数为12.86万人，到2014年民办中等职业学校只有82所，在校生数为8.2万人。很多民办学校都是苦于经费的短缺而最终走向倒闭。

第二，民办中等职业学校利润最大化倾向导致的办学质量堪忧。2002年《中华人民共和国民办教育促进法》对民办教育的性质做了界定，指出民办教育属于公益性事业，是我国教育事业的组成部分。同时该法律又强调，民办教育虽然不得以营利为目的，但民办学校在扣除办学成本、预留发展金以及按照国家有关规定提取其他必要的费用后，出资人可以从办学结余中取得合理回报。这实质上是把民办学校界定为具有一定营利性质的公益性机构。营利性的中等职业学校就会具有利润最大化倾向，他们普遍采取成本最小化经营策略。这虽然从一定程度上节约了成本，但如果"节约"过度，学校的办学质量一定会大打折扣。如有些民办学校用的是工厂淘汰的废旧设备、厂房，或者购买最廉价的实习设备、办公设备，租赁旧房子，学生实习条件非常简陋；学校对教师的聘用也"极度"节约，多聘请一些退休的教师以降低成本；学校的管理多是动员亲戚或朋友担任学校的工作人员，杜绝一切可能的浪费。同时，有些民办学校还违规办学，谋取不合理利益。如南宁某民办院校，安排学生实习就是为了从中获利。他们将学生安排到一个实习工厂实习，其实是为企业充当一线操作工人，无论学的专业是否对口均在此工厂实习，工作内容和劳动强度，与企业一线员工没什么区别，并且劳动报酬极低，每月仅1000多元。同时，这所学校能从学生的实习中获得一定的报酬。现在这所学校由于违规办学，已经停办。民办中等职业学校为了赚取利润，不顾学校的办学质量，甚至违规办学，使得人们对民办教育的质量更加怀疑，进一步阻碍了民办中等职业教育的发展。

第三，民办中等职业学校容易私人垄断市场。民办中等职业学校采取的是市场化的运作方式，它们生存的法宝就是紧贴市场需求。在竞争的市场中生存，民办中等职业学校吸引生源的绝招就是垄断，只有处于垄断地位的民办学校才有可能通过任意提高学费或强制学生选择等方式获取垄断利润来弥补自己的办学成本。如前面提到的南宁信息工程职业技术学校，其优势是学校就业保证高。笔者在同该校招生负责人谈话中，他说道："我们学校学生不愁毕业，因为我们已经同广西区的移动、联通和电信三家企业联合，这些公司所有新招人员必须在我们学校培训，招进的员工也是先进我们学校培训再工作。一般我们的学生可以直接进这三家通信行业工作，其他学校培养的学生一概不要。此外，也可以推荐学生去省外工作。"从这位招生负责人的讲话中可以看出，他们已经对广西地区的通信行业的工作实行了垄断，也就是借助这个垄断地位，学校保住了生源，获得了垄断利润来维持学校发展。垄断使学校得以在市场中

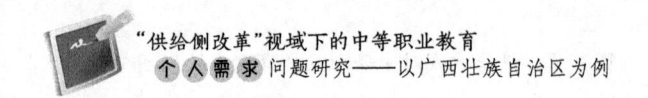

生存，但不平等的竞争扰乱了市场秩序，也会影响学生的培养质量。

3.多主体供给方式

中等职业教育多主体供给方式是指职业教育集团提供的职业技术教育。职业教育集团是由具有独立法人资格的政府、职业院校、相关的行业企业及事业单位等机构通过资产或契约的联结，以集团形式自愿组成，用集团章程规范和约束集团成员的共同行为，以实现资源共享，促进职业院校、行业企业优势互补为主要目的的多法人的职业教育办学联合体。[1]所以，职业教育集团的组成主体一般包括政府机构、行业组织、企（事）业单位、职业院校、研究机构和社会组织六类，它们都具有独立的法人资格；其次，这些集团的主体是以契约或资产的形式相互连接；最后，集团章程是规范和约束各方行为的准则。

1992年10月，全国首家职教集团——北京蒙妮坦美发美容职教集团成立。该职教集团是由北京市西城区组建，由民办北京蒙妮坦美发美容职业技能培训学校牵头的跨地区行业性职教集团。随后我国职教集团不断壮大，在2008年11月成立首家全国性职业教育集团——中国水利职业教育集团，该集团由全国102家水利行业职业院校和企事业单位组成。[2]截至2014年年底，全国已组建职业教育集团1048个，成员单位4.6万个。其中，中职学校7200所，高职学校950所，本科高校180所，行业协会1680个，企业2.35万个，政府部门1630多个，科研机构920个，其他机构1450个。[3]

广西地区职教集团在全国范围内发展相对较缓慢，2007年才成立了第一个区内职教集团——广西商务职业教育集团，当时这个集团只有16家单位，其中有6所中职学校，1所高职学校，9家企业。[4]之后的几年，广西职教集团有了一定的发展，截至2015年年底，全区在教育厅职成处已备案的职教集团

---

[1] 宋涛.福建省级行业型职教集团组建和发展研究[D].福建：福建师范大学，2012：14.
[2] 沈建根.中国职业教育集团化办学发展研究报告[M].杭州：浙江大学出版社，2015：143-144.
[3] 教育部.关于深入推进职业教育集团化办学的意见[Z].职教成〔2014〕4号.
[4] 广西教育厅职成处内部文件.

26个，参与学校和单位近千家，覆盖了全区职业院校近80%。[1]

公共产品多中心供给已成为一种发展趋势，很多学者都从理论上给出证明，它能最大程度地实现公产品的有效供给。中等职业教育作为一种准公共产品采取多主体供给，它的竞争优势主要有以下几点。

一是规模效应带来的竞争优势。职业教育集团最明显的优势就是利用办学规模的扩大，增强总体实力。其竞争力的提升主要源于以下几个方面：第一，集团化办学中的多元实体联盟可以扩大每个实体服务范围，更易于满足学生的多元化需求和差异化需求。第二，集团化办学中通过校际和校企间的联合培养，一方面充分利用各自的资源，可各实体的"沉入成本"得到综合利用，提高资源的利用效率；另一方面减少直接办学成本投入，提高办学效益，从而形成规模经济效应。第三，增强职业院校办学的稳定性，集团成员通过经济关系为纽带，结成利益相关、风险共担的共同体，从而形成长期密切的合作关系，减少交易成本。

二是资源优化带来的竞争优势。集团化办学可以根据市场和学校的发展，有目的、有重点地集中资金投向，一方面保证职业院校校内外实习基地尽快走向规范化、一体化、现代化；另一方面可以将有限的师资力量统筹安排，强化教育科研工作水平与效率，最大限度实现资源效能。同时，集团化办学可以统筹集团内部的各种资源，使资源得到合理配置和共享，有利于强化内部管理和分工，促进集团成员院校的办学水平和质量提升，更好地发挥示范成员院校的引领作用，提高职业院校在社会经济发展中的社会地位和影响力。

三是品牌效应带来的竞争优势。职教集团可以扩大集团成员单位在区域、行业中的知名度，为成员单位特别是成员企业与学校品牌塑造提供重要影响。同时，通过校企人才合作培养和技术合作开发，加快企业人才储备与技术积累，加速企业转型升级步伐，提升企业的核心竞争力，并在企业发展过程中增

---

[1] 自治区教育厅副厅长黄雄彪在2016年1月12日职业院校教学改革及常规管理工作会议上的讲话稿。

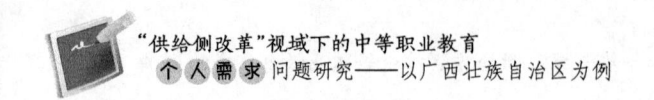

强成员院校的办学实力、水平与影响力。

四是对口效应带来的竞争优势。职教集团成员单位的校际、校企之间往往以产业、专业等为基础存在着天然的联系。校企之间长期稳定的合作，成员院校培养的人才直接对口就业，直接为合作的企业或行业服务，同时企业在职人员也可以利用学校的资源进行继续教育和培训，既能有效节约校企双方人力、财力、物力成本，还能有效提高学校办学和企业经营的日常运作效率。同时，职教集团内中高职院校之间有长期的合作，中职升高职直接对口升学，可节约集团间各个成员的交易费用，如集团院校招生和学生就业相关方面的费用，同时在某种程度上可降低院校办学的风险，有效增强双方在招生、就业、教学建设与人才培养等方面的效率，提升成员院校的竞争能力。

职业教育集团尽管有许多优点，取得了显著的成效，形成了多元主体办学的格局，提高了资源的利用效率和人才培养质量。但在实践过程中，也出现了一些问题。

第一，职教集团发展的外部环境不够完善。首先，政策环境不完善。职业教育集团化办学不管在规模上还是在整体质量上都与各级政府配套制度的完善程度呈正相关。[1]这表明职教集团这一新生办学模式的健康发展离不开政府的大力支持。但从现状看，我国职教集团化办学的政策环境相当匮乏，全国出台集团化办学专项保障性政策的省份寥寥无几，广西地区目前还没有出台集团化办学的保障政策。正是由于制度与专项政策的缺失，导致许多地区职教集团无法正常运行及集团化办学成效无法发挥。其次，专项经费投入不足。长期以来，我国职业教育集团办学缺少专项投入，已成为影响职业教育集团办学健康持续发展的主要因素和制约职业教育资源效益发挥的"瓶颈"。许多省份政府对职业教育集团办学指导与支持多是基于政策文本的引导和规范，而用于职教集团日常运行的投入缺少基本保障。据粗略统计，目前全国920多个职业教育

---

[1] 沈建根.中国职业教育集团化办学发展研究报告[M].杭州：浙江大学出版社，2015：89.

集团中，能够得到政府专项经费投入的集团占比不足10%。❶这导致职教集团日常运作缺乏资金的保障，同时也明显制约了集团化办学的快速发展。最后，职教集团的管理和监督相对缺失。长期以来，我国职业教育办学的多样性以及体制的复杂性，使得政府疏忽对职业教育集团化办学的管理和监督。表现在：一是缺乏相应的主管机构，导致职业教育集团化办学缺乏对口管理部门，使一些职教集团所需要的政策和管理不能得到保证，影响集团的建设和发展；二是由于缺乏专属主管部门等原因，导致职业教育集团办学在发展中仍然存在政出多门，多头管理等问题，难以对集团办学开展统一的规范、引导和监督；三是职教集团办学成效缺乏评价，办好办坏一个样，无人监管，一定程度上影响了职教集团有序办学的推进和同步发展。

第二，职业教育集团多采取"松散型"组建模式，集团内部合作力不强，多流于形式。根据职教集团成员单位的联结方式不同，可将职教集团划分为以契约为主要联结纽带的职教集团、以资产为主要联结纽带的职教集团、资产—契约混合联结型职教集团。❷契约联结型职教集团一般是以协议、合同或集团章程把集团成员联系到一起，集团成员无产权变更、人事变动、管理体制变革等问题，属于"松散型"职教集团。资产联结型职教集团一般要求成员投入资产，资产可以是各种形式，资金、土地、技术等，合作形式也灵活多样，可以控股或参股的形式参与。集团内部成员要涉及产权、人事、管体体制等变革，成员利益互相制约，所以合作较稳定和紧密，是"紧密型"职教集团。资产—契约混合联结型职教集团，有些成员是以资产形式参与，有些成员以契约形式参与，介于两者之间，属于"半紧密型"职教集团。

据调研，"松散型"是我国职教集团的主要组建模式。这种组建模式受欢迎是因为其极大的灵活性。如成员之间没有实质资产投入，资金约束小，不会对成员未来发展形成障碍；成员不用对集团承担长期的义务和责任，可根据自

---

❶ 沈建根.中国职业教育集团化办学发展研究报告[M].杭州：浙江大学出版社，2015：89.
❷ 高卫东.职教集团的内涵、类型与功能[J].职业技术教育，2004（34）：56.

身发展需要，自由选择进出集团；成员之间由于关系松散，不容易起摩擦或冲突，自主权和选择权范围较大。但这种模式的弊端也是显而易见的，如集团成员之间的关系过于松散，在人、财、物等方面很难进行深度融合，要实现资源共享、优势互补是非常困难的；集团对每个成员的约束力非常小，成员承担的责任和义务十分有限，这种脱离了经济关系的强力制约，经常导致集团整合发展能力较差；从长远合作的角度看，集团内部缺乏凝聚力，缺乏利益激励机制，集团处于不稳定的状态，加之受很多不确定因素的制约，难以进行长远的发展规划。这些问题都可能会导致职教集团有名无实，流于形式。笔者在广西调研也显示，广西地区大多数职教集团是契约型职教集团，只是为了完成政府下达的任务，基本没有实质的合作关系。

第三，职教集团内部管理体制不够完善，导致成员合作广度和深度都不够。首先，职教集团章程的制定不全面，规划的要素不齐全，制定流于形式，缺乏针对性和实际效用。其次，集团的配套制度不健全。许多职教集团没有明确的考核激励政策，更谈不上退出和进入机制。集团日常协作会议和定期的协商活动都没有。据笔者在广西调研，一些职教集团成立之初召开过成员大会，之后则杳无音讯。没有定期的会议制度来安排集团的活动，集团内部成员都是松散一片，没有积极性和主动性，最终出现"集而不团"的现象很普遍。

二、中等职业教育供给方式的典型案例分析

（一）分析框架

中等职业教育三种供给方式各有优势和不足，如何选择合适的供给方式呢？什么样的供给方式是合理的呢？本研究拟从中等职业教育的供给方和需求方两个角度来分析和比较（见图3-1）。首先，从供给方分析，主要比较不同供给方式的供给效率。新制度经济学认为，资源的配置效率不仅仅取决于资源和技术，还取决于制度，甚至认为制度是影响效率最根本的因素。新制度经济学家由此创立了对经济问题的制度分析框架：在承认制度对经济效益有根本影

响的基础上，运用交易费用比较不同制度安排的经济效益，解释经济制度多种多样的差异性。[1]制度作为人们之间交往的规则，在相同目标情况下，不同制度带来不同的经济效率，也就会产生不同的交易费用。公共产品供给也一样，不同供给方式经济效率差异会带来交易费用差异，因此，采用何种供给方式需要交易费用的理性考量。本研究首先以交易费用作为中等职业教育供给方式比较指标。这个维度主要是从公共产品的供给方考虑。其次，从公共产品的需求方分析，需求的主体是学生，分析每种供给方式对学生需求满足的程度。中等职业教育供给方式不应仅仅追求经济效率，还要看它对学生需求的满足程度。只有既符合了经济效率，又满足了学生需求的供给方式才是最适切的。

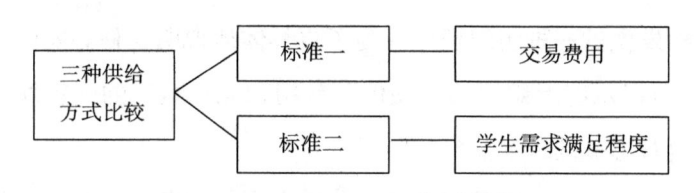

图3-1　三种供给方式比较标准说明

1.交易费用的计量

交易费用又称交易成本，这个思想是科斯在其经典论文《企业的性质》（1937）中首次提出，而后成为新制度经济学最基本的概念。他认为使用价格机制是有代价的，在《社会成本问题》中他将这一思想进一步具体化，指出"为了进行一项市场交易，有必要发现和谁交易，告诉人们自己愿意交易以及交易条件是什么，要进行谈判、讨价还价、拟定契约、实施监督以保证契约的条款得以履行等"。[2]虽然科斯最早发现交易费用的存在，但他并没提出交易费用这个名词。后来，阿罗（1969）最早提出交易费用的名词，把交易费用简单界定为经济制度的运行费用。

威廉姆森对科斯的交易费用理论进行了进一步深化。他提出影响交易费用

---

[1] 吴锦程.农民教育供给制度研究[D].福州：福建农林大学，2011：42.

[2] COASE R. The problem of social cost[J]. Journal of law and economics，1960（3）：1-44.

的因素有两类,一类是"交易因素",包括资产的专用性、不确定性和潜在交易对手的数量和交易发生的频率;另一类是"人的因素",包括人的有限理性和机会主义倾向。由于这些原因,市场交易都会产生一定的费用。交易费用分为两部分:一是事前的交易费用,指草拟合同、就合同内容进行谈判以及确保合同得以履行所付出的成本;二是事后的交易费用,指解决契约本身存在的问题时从改变条款到退出契约花费的成本,包括不适应成本、讨价还价成本、建立及运转成本和保证成本。❶

综上所述,尽管学者的观点有差异,但基本都认同,交易费用是指,完成一笔市场交易时,交易双方在买卖前后所产生的与这笔交易相关的所有成本。

根据交易费用的概念,显然在教育领域也存在交易费用。教育交易费用是指教育活动所发生的一种组织费用。为了更具体地说明这种必要的"非生产性费用",我们可以从有形组织的"硬件"费用和无形组织的"软件"费用两方面进行更为直观形象的理解。❷

根据以上定义,公办中等职业学校、民办中等职业学校和职教集团,从学生招进学校到培养出合格的学生离开学校,这一过程供给主体和消费者(学生)都存在着交易费用。本节只分析供给主体的交易费用,并按照威廉姆森对交易费用的界定把供给中等职业教育分为事前交易费用和事后交易费用。事前和事后的界定以学生招进学校为分界点,因为学生招进学校就相当于学生和学校签订了一份培养契约。学生招进学校前,中职学校所发生的交易费用为事前交易费用,主要包括供给主体通过招生宣传等手段产生的招生成本;学生招进学校后,学校所发生的费用为事后交易费用,主要包括供给主体管理教师和学生的成本,如为学生聘请外校教师、为学生联系实习基地、为学生推荐就业、为教师技能培训以及学生退学后学校损失的成本等。见图3-2。

---

❶ WILLIAMSON. The economic institutions of capitalism[M].New York: The Free Press, 1985: 20.
❷ 杨克瑞.教育制度经济学引论[M].北京: 中国言实出版社, 2008: 42.

```
招生        事前交易    中职学校招生      事后交易    管理学生
费用    ←——————  (学生与学校形成   ——————→   的费用、为
                  契约关系)                   学生联系
                                              实习、就业
                                              等费用
```

图3-2　中等职业学校交易费用说明

交易费用计量是个复杂的问题，受多种因素干扰。按照张五常的观点，我们没有必要直接计算每笔交易的费用，但我们可以对各种交易费用进行排序。[1] 因此，本研究通过赋值来粗略比较每种供给方式的交易费用大小。

2.学生需求满足的程度

公共产品是实现公共利益的载体，不但考虑供给效率，更是为了满足公共利益和公共需求。我们在考虑选择每种供给方式的时候，不仅从供给者的角度（如成本、效率等）出发，也应从消费者角度出发，衡量每种供给方式对消费者需求的满足程度。只有满足消费者需求的供给方式，才能发展长远。学生对中等职业的需求按照本研究的分类，分为基本需求、差异需求和额外需求。由于额外需求属于超过供给者能力范围的需求，不做探讨。本研究仅从基本需求和差异需求两个方面比较各种供给方式的差异。

（二）典型案例分析

笔者从广西地区分别按照三种供给方式选取典型案例分析，公办学校一所，民办学校两所，职教集团一个。民办学校之所以选两所是因为这两所学校发展差异非常大，一所民办学校招生火爆，学校发展较好，而另外一所民办学校面临倒闭的危险。每个案例介绍三个方面，一是学校或集团简介；二是交易费用发生情况；三是学生需求满足情况。

1.政府供给案例分析——桂林市旅游职业中等专业学校

（1）学校简介。

桂林市旅游职业中等专业学校（也称为桂林市职业教育中心学校）前身是

---

[1] 卢现祥.新制度经济学[M].第二版.北京：北京大学出版社，2012：100.

创办于1941年的松坡中学，1983年后松坡中学改制成桂林市第一职业高中，1996年经教育部认定为首批国家级重点职业学校。2003年桂林市政府为了抓住职业教育新的发展机遇，整合职业教育资源，决定将原来的旅游职业中等专业学校等四所公办的职业学校合并组建成桂林市职业教育中心学校，后又更名为桂林市旅游职业中等专业学校。目前学校是国家中等职业教育改革发展示范立项建设学校、国家级重点公办职业高中。

学校坐落于广西壮族自治区桂林市中心，交通便利，环境幽雅，布局别具一格，是莘莘学子成才就业的理想学校。学校占地15万平方米，总建筑面积8万多平方米，有4510平方米的图书馆、2100多个床位的学生公寓、可容纳3000人就餐的学生餐厅。教学设施先进、设备完善，拥有90多间专业实训室，充分满足各专业学生的实训需要。学校现有教师300名，其中：特级教师3名，高、中级教师170名，"双师型"教师130多名。

学校现设有旅游服务类、艺术教育类、商贸信息类、加工制造类共计四个大类14个专业。其中旅游服务与管理、西餐烹饪、计算机及应用、学前教育、电子电器应用与维修5个专业可以根据成绩报考本区的二本学校。学校每年招生2300人、在校生6000余人。

学校以服务为宗旨，以就业为导向，以技能为重点，注重提高学生综合素质和应用能力，近30年来为旅游、艺术、信息、加工制造等行业培养了大批高素质的技能型管理人才。学校实行企业化管理、市场化运作，已与喜来登酒店、香格里拉酒店管理集团、丰田、本田、日产汽车、三金药业、桂林两江四湖景区、桂林市七星幼儿园等众多国内外一流企业建立了长期稳定的合作关系。学生就业机会丰富，发展空间广大，毕业生供不应求，就业率均保持在95%以上。

（2）交易费用发生情况。

桂林市旅游职业中等专业学校是桂林市的一所老牌中职学校，也是目前桂林市排名第一的公办中等职业学校。学校获得很多光荣称号，如"国家中等职业教育改革发展示范立项建设学校""国家级重点公办职业高中""全国职业教育先进单位""全国艺术教育先进单位"等。在这些光环下,学校招生并不困难。在笔者调研的过程中,学校的负责人说,目前学校招生基本稳定,每年招2300人左右。很多初中老师都会推荐学习成绩不太好的学生报考这所学校,所以一般只要做常规的招生宣传就行,不用刻意花更多的招生成本。从事前交易费用来说,这所学校事前交易费用不高。

从事后交易费用来看,这所公办职业学校管理学生的费用,为学生联系实习和就业单位的费用都要高一些。这位学校负责人说,这所学校是老牌职业学校,教师较多,但"双师型"教师比较少,庞大的学校机构运转,需要的办公经费较多。其次,学生实习是职业学校的一个非常主要的环节,每个专业都必须为学生联系实习单位。有些专业有固定的合作单位,有些没有,所以每年学校都要主动联系各种单位为学生落实实习单位。还有就是学生的就业,因为企业用人的需求是有变化的,这就导致学校很被动。以前学校有"冠名班",后来办不下去,就是因为经济形势波动大,企业用工变化快,有些专业不能长久维持,只能短期合作。所以,学校也要不断变化,不断寻找和开拓新的合作伙伴。这些管理成本,寻求合作伙伴的成本都使公办学校的事后交易费用较高。

(3) 学生需求满足情况。

这所中职学校每年招生2300人左右,招生规模在广西地区的中职学校数一数二,可以很好地解决学生对中职教育的基本需求。但从差异需求来分析,学校专业设置主要包括旅游服务类、艺术教育类、商贸信息类、加工制造类,并没有什么特殊的专业;从培养模式、民族特色、就业特色、地域等也都没有与众不同的地方。因此,学校对学生差异需求的满足比较有限。

2.企业供给案例分析

案例1 张艺谋漓江艺术学校

(1) 学校简介。

张艺谋漓江艺术学校位于广西壮族自治区桂林市阳朔东街,依漓江之畔,环境优雅。学校创办于2000年,是由桂林市教育局审核批准,自治区教育厅

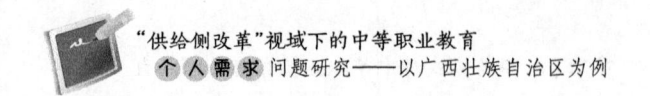

评估合格的一所民办中等职业技术学校。学校由著名国际导演张艺谋担任名誉校长,是为张艺谋亲任总导演的大型桂林山水实景演出《印象·刘三姐》及全国各大型实景演出培养艺术专业人才的学校。自办学以来,学校采取"教学—实践—就业"一条龙的办学模式为社会培养了大批优秀的艺术人才。国家教育部鲁昕副部长、自治区教育厅、桂林市教育局多次亲临来校视察,对学校的办学特色给予赞誉。学校被自治区教育厅授予"广西中等职业教育示范性实训基地"称号和指定为"广西中等职业学校民族文化技术技能人才培养培训基地",并就此获得广西壮族自治区示范特色专业及实训基地学校建设经费500万元。

学校目前占地面积9万多平方米(包括实训基地《印象·刘三姐》演出场地),其中校舍7000多平方米,教学用房5000多平方米,包括多功能音乐厅、舞蹈室、文化课教室、图书室,还配备篮球场、食堂商店等,为培养造就艺术人才打下了良好的硬件基础。学校开设有舞蹈表演、音乐表演两大专业。每年两个专业共计招收80人。舞蹈表演专业开设舞蹈基本功、毯功、中国民间舞、现代舞;音乐表演专业开设声乐、乐理知识、民族声乐、器乐(打击乐、二胡、小提琴);文化公共课开设德育课、语文、数学、英语、历史、计算机、体育等。学生三年都在学校学习,白天学习文化课和专业课,晚上参加《印象·刘三姐》实训演出。

截至2011年年底,张艺谋漓江艺术学校有教职员工76人,专任教师51人,外聘教师12人,其中舞蹈老师30人,声乐民乐老师10人,打击乐老师3人。具有中高级职称的老师15人。专任教师占教师总数的100%,声乐民乐教师师生比1∶4,舞蹈教师师生比1∶6,每个专业都配备有本专业高级技术职称专任教师2人以上。学校也非常注重培养中青年教师,每年都会派两名青年教师到北京对口院校进修培训,学校负责全部学费。学校对教职员工进行系统的培训,加强了班主任素质培训,深化教学改革,在教学上充分发挥自身实力,形成了一套较完整的教学模式。学校还会不定时聘请全国知名的导演教师给学生授课,如著名导演王潮歌、樊跃、杨嵘、邓锐斌、余大鸣,著名音乐制作人张磊、王昆鹏等。

学校的办学模式是校企联合办学模式。投资学校的企业是桂林广维文化旅游文化产业有限责任公司。公司出资建设了学校，学校支撑企业发展，为企业培养《印象·刘三姐》的演出人才，学校因此获得教学资金；同时企业扶持学校。2007年《印象·刘三姐》创1亿多元收入，企业每年会拿出一定的资金用于学校建设和学生补助。如对本校学生只收600元费用，学生其余三年的学费、住宿费、伙食费、书本费、服装费等全免，学生参加演出也有一定的劳动报酬，就是在企业和学校的相辅相成中，学校找准市场，在循序渐进中越办越好。

（2）交易费用发生情况。

张艺谋漓江艺术学校是广西地区办学非常成功的一所民办中职学校。学校成立初期同许多民办职业学校一样，需要花费较多的宣传成本，吸引学生来校学习。但随着学校办学条件的改善，办学质量的提高，品牌效应显现，学校招生逐渐步入正常化。这位学校的负责人说，学校成立初期，招生确实困难，学生不太相信学校的实力。但随着旅游业的蓬勃发展，越来越多的人来到桂林旅游，《印象·刘三姐》越来越受欢迎，学生参加实景演出的机会更多，锻炼的机会更多，这也更加吸引学生。目前学校品牌效应已逐渐建立，招生没有任何困难。学校每年只招80人，现在有很多学生报名，还有一些是外地的学生，学校都需要进行严格的筛选，主要是考察他们的艺术表演能力。从这位负责人的谈话中可知，这所民办学校由于办学特色鲜明，其事前交易费用比其他民办学校要少了很多。从事后交易费用来说，学生实习就是参加《印象·刘三姐》演出，学校无须负担这方面的交易费用。学生就业也是去全国各实景演出基地或文化艺术团体工作，学校与这些实景演出基地有长期合作关系，不需要花费很多精力和时间去联系学生就业单位，这也为学校节省了大量的事后交易费用。所以，这所民办学校事后交易费用比较低。

（3）学生需求满足的情况。

这所民办学校规模很小，每年只招80人，全部在校生仅有200多人，提供

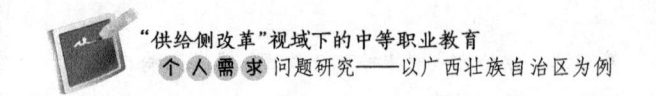

的教育机会有限,因此对中职教育的基本需求只是少量满足。但学校专业特色突出,培养模式高效,办学质量稳定,学生对学校评价也非常高,满足了学生的差异需求。

案例2　桂林山水职业学院附属中等职业学校

(1) 学校简介。

桂林山水职业学院是经广西壮族自治区人民政府批准,国家教育部备案的一所全日制民办高等职业学校,实行全日制普通高等学历教育。2012年自治区教育厅、桂林市教育局批准桂林山水职业学校成立附属中等职业学校,开办"五年一贯制"高职教育,"五年一贯制"高职是自治区政府推行建立职业教育"立交桥"的重大举措,初中毕业生可直接报读。"五年一贯制"贯通中等职业教育和高等职业教育,遵循高职技能人才培养的规律,培养更符合企事业单位需要的高职毕业生。"五年一贯制"高职的学生完全纳入国家招生计划,完成高职学业后,获得经国家电子注册的普通高等大专学历文凭。

桂林山水职业学院附属中等职业学校位于桂林市临桂区,交通便利校园环境温馨。学校师资充沛,主要是高职部的老师和一些退休的教师给中职部兼课,目前有教师135人,其中"双师型"教师88人。学校开设的专业有会计、高星级饭店运营与管理、汽车运用与维修、电子技术应用、计算机网络技术、工艺美术六个专业。每个专业大概每年能招30人,中职部每年有将近200人入学。学生中职毕业后既可以选择升学,也可以选择就业。学校为10%成绩优秀者提供升本科。如不想继续深造,学校提供丰富的就业渠道。学生可选择安盛就业订单班、幼儿教育订单班、中山温泉订单班。学校目前的发展状况是,中职部生源不断萎缩,面临倒闭。

(2) 交易费用发生情况。

这所民办中等职业学校从事前交易费用来说肯定比较高。这所学校的黄校长告诉我们,每年他们都需要花不少的成本到桂林市下属的各个县城宣传,学生家长如果要求参观学校,还得派车去接,这样增加了不少招生成本。民办学校同公办学校无法比较，公办学校有预算的经费用于招生，而这个学校的原则就是尽量减少招生成本。目前，由于中职学校不收取学费，国家给每个学生的补助学费勉强维持学校办学，所以没有多余的经费去招生，这导致生源下降很多，有些专业今年只招了20个学生，学校发展很困难。这所民办学校的事后交易费用相对较低，主要是这所学校采取的是"五年一贯制"培养模式，大部分学生选这所学校也是因为这一点，学生直接上高职，所以学校靠直接升学，减少了就业的费用，从而降低了学校的事后交易费用。

（3）学生需求满足情况。

从基本需求来说，这所学校的招生规模较小，每年招生计划不到200人，基本需求满足情况一般。从差异需求来说，这所学校采取的是"五年一贯制"培养模式，本是希望这个特色吸引学生，但现在很多中职学校都为学生提供了升高职的机会，甚至还有几所高职学校供学生选择，比起"五年一贯制"更加符合学生的差异需求。所以，这所民办中职学校也没有很好地满足学生的差异需求。

上述两所民办中等职业学校，张艺谋漓江艺术学院由于很好地满足了学生的差异需求，并与市场需求紧密相连，所以在发展中越办越好；而桂林山水职业学院附属中等职业学校由于没有形成办学特色，所以在同公办学校竞争中举步维艰。民办职校由于没有国家财政经费的支持，现在又不能靠收取学费弥补办学成本，所以突出办学特色，满足学生的差异需求，弥补公办学校这方面的不足，才能在市场中长期发展。

3. 多主体供给案例分析——广西茶叶职业教育集团

（1）职教集团简介。

广西茶树栽培已有2000多年历史，广西茶叶种植区域也已经扩大到60多个县，是广西九大特色农业产业之一。但是目前广西茶叶生产加工技术人才培养滞后，仅有广西职业技术学院一所高职院校开设茶叶生产加工专业，产茶大县的中职学校开设茶叶生产加工技术专业并不多。鉴于此，为了加快培养广西

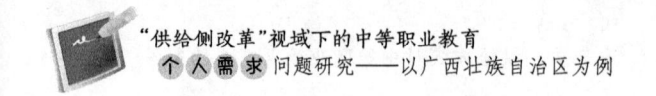

茶产业急需的技术人才，成立了广西茶叶职业教育集团。

广西茶叶职业教育集团是2014年由广西职业技术学院与广西农垦茶业集团有限公司携手组织牵头，联合7所中职学校、4所高职院校、4个行业协会、26家企业、3个科研机构共45个单位组成的。集团设立了秘书处、茶叶专业建设委员会、技术研发与科技服务委员会5个专门委员会，广西职业技术学院为集团的理事长单位。集团以"资源共享、优势互补、互惠互利、共同发展"为宗旨，主动对接茶产业链建立覆盖茶叶种植、加工、包装、销售、茶文化发展推广的专业链，实现教育链与有机链的融合，共同推进广西茶产业发展。

该集团的特色体现在以下几个方面：

第一，中高职、企业开展集团化办学，推动产教融合，创新县级中专校企合作办学体制机制。集团理事长单位广西职业技术学院注重发挥自身专业优势，整合企业资源，帮扶县级中专对接茶企业，建立校企协同育人的良好机制。如广西职业技术学院联合横县当地知名茶企业广西金花茶业有限公司、横县南方茶厂等组建了横县职业教育中心茶叶生产加工技术专业建设指导委员会，在委员会指导之下校企共建"金花"订单班、"厂中校"实训基地、"双师"教学团队等。校企"双体主"育人，共同招生、共订人才培养方案、共推实习就业，共同培养了27名茶叶专业学生，较好地推动了学校办学体制机制创新，营造良好办学环境。

第二，以专业为纽带，系统推进中高职衔接，帮扶县级中专提升专业建设水平。以广西职业技术学院为主导，企业参与，中高职合作，以茶叶生产加工技术专业为纽带，共同开发了茶叶生产加工技术专业"中高职五年制"人才培养方案及课程体系，重点抓好人才培养模式及课程体系改革的衔接工作，系统推进中高职衔接。集团成员单位共同合作，引入新技术、新标准，校企共同开发了《茶树种植与管理》《茶叶加工技术》等11门核心课程，《中国茶艺》《茶叶审评与检验》2门网络慕课，《茉莉花种植技术》《茉莉花茶加工技术》等特色教材以及国家级专业教学资源库，有力提升县级中专专业建设水平。横县职业教育中心等三个县级中专的茶叶生产加工技术专业先后获自治区教育厅"特色专业+实训基地"项目支持，集团内职业院校茶叶生产加工技术专业学生先后在全国、全区职业技能大赛上获一等奖6项。

第三，多形式、多途径开展师资队伍及实训基地建设，提升县级职业中专基础能力。广西职业技术学院组织专业团队与企业合作，"手把手"帮扶指导横县职业教育中心、昭平县职业教育中心等4个县级中专完成实训基地规划、设备招标采购方案、实训基地职业氛围建设，并指导学校完善实践教学体系，开发实训教学资源。学校还向昭平县职中捐赠制茶设备，支持该校名优茶手工制作实训室建设。通过努力，目前三个县级学校已获得自治区示范性实训基地项目支持，实训教学条件得到极大提升。同时，依托茶业职教集团平台，广西职业技术学院通过送教下乡、国培项目、专题研讨培训、技能大赛等形式，与企业合作共同举办县级职业教育"中高职五年制"茶叶专业骨干教师培训班，对横县职教中心、昭平县职教中心、广西正久职业学校等职业技术学校茶叶专业负责人及相关核心课程老师进行培训；针对中高职一体化人才培养模式改革，学院先后与对口帮扶学校联合开展10多次师资培训及教学改革研讨活动，培训县级学校专业教师50人次，合作培养学生70多人次。

第四，依托茶业职教集团平台，开展专业技术集成服务，有效推动广西茶叶产业大发展。集团理事长单位广西职业技术学院注重跨专业整合资源，集成生物技术、自动化技术、管理技术、信息技术，为职教集团行业企业技术改造和技术创新提供技术集成服务。由学院带动，联合集团内职业院校和科研院所为集团内茶叶企业以及横县、乐业县、凌云县等产茶大县的地方茶叶企业提供茶叶新品种繁育推广、茶叶加工工艺改造、茶叶包装、有机茶园规划、职工培训等全产业链的技术服务。近两年，集团内学校、企业单位合作开展科技项目20多项，获自治区科技进步三等奖4项，为企业增效5000多万元，有效推动了茶业产业的发展。同时集团积极开展国际交流，先后为越南、泰国留学生开展200多人次的茶叶生产加工技术、茶艺培训。

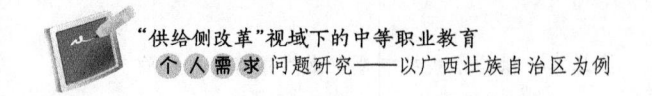

(2)交易费用发生情况。

广西茶叶职业教育集团是2014年成立的职教集团,尽管成立时间不长,但相对发展比较规范,有些校企合作项目进入深度阶段,体现了职教集团的办学优势。集团合作办学为集团成员的各项工作都带来了合作效益。

广西地区每年4月都由政府出资为中等职业教育学校开展"中等职业学校招生宣传大篷车"活动,区内各市的中职学校都可以参加。宣传大篷车历时一个月在全区的各个市县开展宣传工作。广西茶叶职教集团有7所中职学校,其中5所学校参加了2016年招生宣传大篷车活动,在招生宣传中,它们联合宣传,同时也帮助没有参与活动的其他联合中职学校做宣传工作。尤其是横县职业教育中心,它是广西第三批通过的"国家中等职业教育改革发展示范建设学校",学校拥有较好教学条件和社会认可度。通过它的联合宣传,其他联合的中职学校的茶艺专业也得到了学生的极大认可,招生规模有所扩大。职教集团就是利用这种合作效应,增加了宣传力度,同时也减少了招生成本。这表明职教集团事前交易费用相对较低。

广西茶叶职业教育集团开发了茶叶生产加工技术专业"中高职五年制"人才培养方案及课程体系,其中学生先在南宁市横县、贺州市昭平县等几所中职学校学习两年,合格的学生可以直接进入广西职业技术学院(高职学校)的茶叶生产加工技术或茶艺专业,继续学习三年,毕业后获得大专文凭,并优先推荐去广西农垦茶业集团有限公司或集团内其他公司就业。在联合培养中,校企深度合作,共同开发了《茶树种植与管理》《茶叶加工技术》等11门核心课程,共建了"厂中校"实训基地,既为企业培养了急需的人才,也为学校提供了实习条件,双方合作共赢,极大地减少了事后交易费用。

(3)学生需求满足情况。

广西茶叶职业教育集团成立之后,集团内的几所中职学校在广西职业技术学院和相关企业的带动下,共同开设了茶叶生产加工专业,增加了学校的招生规模,满足了学生的基本需求。从差异需求来说,职教集团也具有极大的优势。学生在职教集团内部，专业实习更加对口，可供选择的单位数量较多，横县职教中心的负责人说，茶艺专业的学生可以提供2~3个单位让学生选择实习，为学生提供了更大和更多的发展空间。广西茶叶职教集团还开展国际交流，先后为越南、泰国留学生开展200多人次的茶叶生产加工技术、茶艺培训，同时加强了本国学生与外国学生沟通和交流。所以，对学生的差异需求也能较好地满足。

三、中等职业教育供给方式的比较

（一）基于交易费用的比较

从以上每个典型案例的交易费用来看，首先，公办中等职业学校是事前交易费用低，而事后交易费用高。公办中等职业学校由于社会认可度高，办学规模大，历史悠久，政府又有很多优惠政策帮助公办学校招生，所以公办中职学校招生成本较低，即事前交易费用低。但由于公办学校工作效率低下，形成x无效率，必然增加交易费用。另外，公办学校由于没有和企业建立长期和密切的关系。很多公办学校尽管与企业有联系，但这种联系是松散的，经常变换，所以公办学校在联系学生实习和就业时也会形成较高的交易费用。

其次，民办中等职业学校是事前交易费用高，而事后交易费用低。民办学校由于受中国传统观念的影响，以及个别民办学校违规办学，影响了民办学校的声誉，因此很多学生和家长都对民办学校心存疑念，不愿意选择民办中职学校上学。笔者曾问过几个民办学校的学生，问他们为什么选择这所民办学校。学生回复说，根本不知道这是民办学校，要是知道，就不会选择了。《中等职业教育国家资助政策落实效果评估报告》显示，据粗略统计，每招一个学生，公办学校的平均成本为200~1000元，主要包括出差、宣传和给初中的奖励；民办学校的平均成本为600~2500元，远远高于公办学校。所以民办中等职业学校事前交易费用较高。但民办学校在管理上，核算成本动力强，通过提高办公效率来节约交易成本；加上，学生的实习和就业一般都在企业内部解决，所

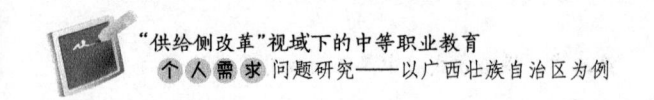

以事后交易费用肯定比公办学校小得多。

最后,职业教育集团是事前和事后交易费用都较低。职教集团是在职业教育领域内发展的一种新的办学模式,它体现了规模效应、资源优化效应、品牌效应、对口效应。职教集团在成立初期,各种沟通和协调费用较多。但后期规范制度形成后,从学生招进到学生教学、实习和就业等都是一体化的内部管理模式。一方面,职教集团内通过校企合作和校际合作等方式实现交易内部化,既减少了寻找合作伙伴,解决学生就业等交易成本费用,同时也减少了机会主义行为,降低合作风险,从而降低交易成本;另一方面,职教集团是根据产业链的需要而形成的集团化办学模式,规模效应和资源优化效应都使交易费用大大减少。

表3-2所示的是不同供给方式中交易费用大小的差异。

表3-2 不同供给方式中交易费用大小的差异

政府供给		企业供给		多主体供给	
事前交易费用	事后交易费用	事前交易费用	事后交易费用	事前交易费用	事后交易费用
+	+++	+++	++	++	+

"+"表示交易费用较低;"++"表示交易费用中等;"+++"表示交易费用较高。

(二)基于学生需求满足的比较

从以上每个典型案例的学生需求满足情况来看,首先,公办中等职业学校满足的是学生基本需求,只能适当兼顾学生的差异需求。公办中等职业教育的优势就是保证供给一定数量和质量的职业教育机会以满足学生上职业学校的需求,相反它的缺点就是无法很好地满足学生的差异需求。

其次,民办中等职业学校更多的是满足学生差异需求,少量满足基本需求。我国民办中等职业学校数量较少,在校生数只是公办学校的1/9,并且民办学校的办学规模也较小,提供的职业教育机会有限,因此只能少量满足学生的基本需求。但民办职校的特点就是贴近市场,专业设置受市场欢迎,学生就业形势较好。只有受学生欢迎的民办中等职业学校才能在竞争中生存下去，否则学校将面临倒闭。因此，民办中等职业教育可以很好地满足学生的差异需求。但由于供给的数量相当有限，只能少量满足学生的基本需求。

最后，职业教育集团既可高效地满足学生基本需求，又可满足学生的差异需求。职教集团作为一种创新的办学模式，不增加成本的情况下，通过资源共享、优势互补的规模优势扩大集团招收学生的规模，满足学生的基本需求，同时利用品牌效应、对口效应更好地满足学生的差异需求。

表3-3所示的是不同供给方式对学生需求满足程度的差异。

表3-3 不同供给方式对学生需求满足程度的差异

政府供给		企业供给		多主体供给	
基本需求	差异需求	基本需求	差异需求	基本需求	差异需求
+++	+	+	+++	+++	++

"+"表示需求满足程度较低。"++"表示需求满足程度中等。"+++"表示需求满足程度较高。

（三）不同供给方式的比较

中等职业教育供给方式的选择不但从供给方权衡供给效率，还要从需求方兼顾消费者的各种需求。因此，中等职业教育供给方式的合理选择应结合两者的角度共同考虑，见表3-4。

表3-4 不同供给方式比较

政府供给	交易费用状况	事前交易费用	+
		事后交易费用	+++
	需求满足状况	基本需求	+++
		差异需求	+
企业供给	交易费用状况	事前交易费用	+++
		事后交易费用	++

续表

	需求满足状况	基本需求	+
		差异需求	+++
多主体供给	交易费用状况	事前交易费用	++
		事后交易费用	+
	需求满足状况	基本需求	+++
		差异需求	++

"+"表示交易费用较低;"++"表示交易费用中等;"+++"表示交易费用较高。

从表3-4可以得出的结论是：首先，政府供给方式在交易费用上是事前交易费用少，而事后交易费用多；满足的是学生的基本需求，只能少量兼顾差异需求。基于政府供给中职教育的特点，中等职业教育供给的主体还应是政府。因为，中等职业教育已成为中国高中阶段的半壁江山，尽管它存在较高的事后交易费用，但能很好地满足学生的基本需求。由于供给数量巨大，政府可以不断完善各种法律和规则来减少供给过程中发生谈判、签订契约、规定交易双方权利和责任等的事后交易费用，也可以探索多样化供给，加强与企业合作，减少事后交易费用。

其次，民办中等职业学校是事前交易费用多，而事后交易费用少；更多的是满足学生的差异需求，基本需求少量满足。基于企业供给中职教育的特点，民办学校应主要供给具有办学特色的学校，如专业特色、学生培养方式特色、民族特色、地域优势带来的特色等。民办学校贴近市场，办学形式灵活，应抓住学生的差异需求，并且利用这个优势吸引生源。随着学校教学质量的提升，学校品牌形成效应，会逐渐减少招生宣传成本，从而降低事前交易费用。

最后，职教集团是事前交易费用和事后交易费用都不高，又可以较好地满足学生的基本需求和差异需求。基于职教集团供给中职教育的特点，我国应大力倡导职业教育集团化办学，尤其是一些优质的公办中职学校要主动牵头组建职教集团，联合相关的企业、行业等以推动中职教育的高效供给。同时，职教集团中政府要发挥主导作用,做好相关制度的建设,为职教集团发展营造良好环境,充分发挥出职教集团的办学优势。

四、本章小结

中等职业教育从2009年开始实施免费政策后,消费的竞争性和排他性都不断减弱,其产品属性更接近纯公共产品。目前,中等职业教育主要有三种供给方式,政府供给方式,即公办中等职业学校;企业供给方式,即民办中等职业学校;多主体供给方式,即职业教育集团。

每种供给方式各有优缺点,从交易费用和学生需求满足的维度来分析,首先,政府供给方式在交易费用上是事前交易费用少,而事后交易费用多;满足的是学生的基本需求,只能少量兼顾差异需求。基于政府供给中职教育的特点,以及其产品属性的特点,中等职业教育供给的主体还应是政府,政府同时应做好制度和规则的建立,减少事后交易费用,并为中等职业教育发展创造良好环境。

其次,民办中等职业学校是事前交易费用多,而事后交易费用少;更多的是满足学生的差异需求,少量满足基本需求。基于企业供给中职教育的特点,民办学校作为中等职业教育的有益补充,要大力发展,并主要供给具有办学特色的学校。

最后,职教集团是事前交易费用和事后交易费用都不高,又可以较好地满足学生的基本需求和差异需求。基于职教集团供给中职教育的特点,我国应大力倡导职业教育集团化办学,尤其是一些优质的公办中职学校要主动牵头组建职教集团,联合相关的企业、行业等以推动中职教育的高效供给,同时政府要为职教集团发展创设良好的环境。

第四章　供给质量对中等职业教育需求的影响

供给方式对中等职业教育需求的影响是间接作用，而供给质量对个人中等职业教育需求的影响是直接作用。学生是中等职业教育的直接消费者，他们的需求意愿受个人偏好影响。中等职业教育作为一种教育产品或教育服务，那么个人必然偏好高质量的教育产品或教育服务。中等职业教育实行免费教育后，产品属性更接近纯公共产品，消费的竞争性和排他性减弱。所以，学生对这种公共产品的需求很大程度上取决于服务的质量，而只有高质量的服务供给才能更强地刺激人们的需求，形成"新供给创造新需求"。

本章探讨中等职业教育供给质量对需求的影响。首先，实证调查中等职业教育供给的质量。供给质量通过消费者（学生）对学校各项服务的满意度来衡量，并按高低顺序排列出各项服务的满意度。其次，实证调查消费者（学生）对学校各项服务的需求度，并列出需求度的优先次序。最后，对比分析学生对中等职业教育各项服务满意度排序和需求度排序的差异，并由此得出改进中等职业教育供给质量的建议。

一、中等职业教育供给质量的实证调查

衡量中等职业教育供给质量，首先，要区分它的服务对象。它的服务对象主要包括在校学生、教师、企业、政府等。其次，要区分它的服务内容。不同服务对象会有不同的服务要求；考核中等职业教育质量的指标就会有区别。如学生对中职学校供给的质量主要关注的是升学、就业、教学质量、校园环境等；教师对中职学校供给质量主要关注的是教师个人发展、生活环境、科研条

件等；企业对中职学校供给质量主要关注的是毕业生的工作能力、态度和发展潜力等。由于本研究关注的是中等职业教育个人需求，所以从学生的角度出发，通过学生对学校各项服务满意度高低评价来衡量学校教育服务的供给质量。

采用学生满意度来衡量学校供给质量已成为各国学校评估学校教育质量的一种重要评估方法。所以，本研究拟采用自编问卷来衡量中等职业学校的供给质量。

（一）调查问卷设计及信效度检验

1.调查问卷设计

教育服务满意度调查最初始于美国。于1994年，美国开始全国大学生教育服务质量满意度调查（national student satisfaction study，NSSS）。该项调查是由两位心理学博士开发的《大学生满意度量表》作为调查工具。调查内容主要包括13个一级指标，79个项目（题目）。其调查结果被视为大学生满意度测评的国家标准，在一定程度上代表了美国大学生满意度调查的基本情况。[1]英国全国学生调查（national student survey，NSS）自2005年开始，每年一次，遍及英格兰、苏格兰、威尔士和北爱尔兰全部的高等教育机构。问卷设置了6个维度，21个核心指标。6个维度分别是学业评估与反馈、学术支持、课程教学、组织和管理、学习资源、个人发展。最后还有一个对课程总体满意度的评价。问卷还附有两个留言框，使学生填写学习经历中有关课程的优势和劣势。[2]加拿大安大略省职业技术院校业绩评价指标调查（KPI）始于1998年。全省24所职业与应用技术学院参加业绩评价，并且每年举行一次。安大略省KPI对在校生满意度问卷包括4个维度，45个指标。4个维度分别是课程与教师；设施、学习过程；资源与服务；校方对学生的关注度以及学生对校方的总印象，

---

[1] 韩玉志.现代大学管理——以美国大学学生满意度调查为例[M].杭州：浙江大学出版社，2008：70-77.

[2] 田芸，等.国外学生评价高职教育服务质量的现状及启示——以美国、澳大利亚、加拿大、英国为例（一）[J].职教论坛，2011（4）：81：85.

第四章　供给质量对中等职业教育需求的影响

并且每一个指标包括满意度和重要性两个等级的测评。[1]澳大利亚阿德莱德大学（The University of Adelaide）创建了一种基于学生"学习和教学过程体验"（student evaluation of learning and teaching，SELT）问卷来检测学生对学校的满意度。SELT问卷库模块包括教师教学、课程、教学情境、评价与反馈、教学素材和设备、监督者的管理、学生学习、在线教育8个模块。这项调查使学校重点放在以学生满意度为中心的教学过程，这也使学生的学习效果有所提升。[2]

国内对教育服务满意度调查起步较晚，并且主要集中在高等教育，规模比较大的调查有：欧阳河研究员开展的"学生评价高等教育服务质量实证研究"，他的调研对象是湖南省34所院校2008届本科、专科毕业生和部分高职高专及硕士毕业生，并进行了满意度调查。问卷主要有7个维度60个问题。具体维度为，课程与教学、生活和环境、信息与资源、入学与就业、咨询和建议、收费和资助、个人发展。[3]洪彩真对福建省福州、厦门、泉州等公办、民办高等职业院校的大学生开展学生满意度调查。调查问卷参考PZB原始的SERVQUAL量表，从学校的有形性、可靠性、反应性、保证性、移情性5个方面，共计24个问题设计问卷。[4]

国内对中等职业院校学生满意度的调查问卷非常少，笔者只找到了3篇。董仁忠的《中职生满意度问卷》，包括5个维度，分别是实习实训及相关情况；专业、课程与考试考核；学校管理及相关情况；专业（教师）队伍情况；就业前景及就业服务。[5]魏慧敏的《中职教育质量满意度问卷》，包括7个维度51个

---

[1] 袁东敏.学生评价高等职业教育服务质量的国际经验——以美国的SSI和加拿大安大略省的KPI为例[J].现代大学教育，2010（3）：71-74.

[2] 张燕.澳大利亚高等教育服务质量学生满意度调查分析——以阿德莱德大学学生学习和教学评价为例[J].教育研究，2010（11）：31-35.

[3] 欧阳河，等.高职院校服务质量实证研究——以我国27个省、市自治区高职院校应届毕业生抽样调查为例[J].教育研究2007（7）：51-58.

[4] 洪彩真.高等教育服务质量与学生满意度研究——以福建、厦门、泉州为例[D].厦门：厦门大学，2007.

[5] 董仁忠，刘新学.中职生满意度调查报告——以南宁市若干中职学校267名中职生为样本[J].职业技术教育，2012（1）：34-38.

问题。7个维度分别为生活和学习环境、课程、教学、实习实训、教师、教育管理、职业能力训练。[1]侯新华的《中职教育服务质量在校生认知状况调查问卷》，包括7个维度24个问题。7个维度分别是教师、实习实训、学生管理、教材与教学、职业能力培养、基础设施、学生就业。[2]

上述国内外对教育服务质量满意度的各种问卷为本研究制定中职生满意度问卷奠定了良好的研究基础。本研究为了更准确地制定问卷，首先实地调查了广西地区30名中职学校学生和2位专家，通过询问"您对中等职业学校哪些服务比较满意，哪些服务不满意""你最关注的学校服务是什么""学校最需要改进哪些方面的服务"等问题。粗略地统计了他们提出的几方面问题，统计结果见表4-1。

表4-1　中职生对中等职业教育服务关注的问题

关注问题	关注程度频数（总数30）	排序
就业前景	30	1
学校提供的实习条件	29	3
学校的社会声誉	25	5
专业课程设置的合理性	30	1
教师的教学能力与态度	22	8
学校收费的合理性	18	10
学校离家的距离	24	6
学校的硬件设施	21	9
校园内外的环境	23	7
升学的机会	16	11
学校的管理方式	27	4

根据表4-1中职生关注的教育服务问题，以及参照上述论文提到的各种问卷，本研究最初按照9个维度设计了30个问题，编制了一份中职生教育服务满

---

[1] 魏慧敏.中等职业教育服务质量现状分析与对策研究——基于学生满意度的调查研究[D].秦皇岛：河北科师范大学，2013.

[2] 侯新华.中职教育服务质量认知差异研究——基于在校生与毕业生的调查[D].秦皇岛：河北科师范大学，2014.

意度调查问卷。在2015年12月，对南宁第一职业技术学院和南宁第三职业技术学院进行了问卷初测。发放问卷345份，回收了320份，回收率92.75%。然后对问卷进行信度和效度检验，发现有些问题不够准确，之后调整问卷的一些问题，再测得到了信度和效度较高的问卷。最终正式确定的问卷有8个维度，26个问题。具体过程本研究省略描述，只给出最终正式问卷和信度、效度检验结果。具体问卷见表4-2，采用李克特量表五级等级评定的形式，分为"非常满意""满意""一般""不满意"和"很不满意"5个等次。进行数据分析时，依次分别为5分、4分、3分、2分和1分。

表4-2 中职生教育服务质量满意度调查表

维度	题项
校园环境	学校饮食及卫生条件
	学校的住宿条件
	校园外周边环境
	校园内环境
	学校的社会评价
升学机会	学校提供上一般本科院校的机会
	学校提供上高职的机会
	学校提供上一般本科院校的质量
	学校提供上高职的质量
教师能力	教师的教学态度
	教师的教学能力
	教师指导实习实训的能力
就业条件	学校推荐就业单位的数量
	学校推荐就业单位的质量
	学校提供顶岗实习的机会
	学校职业技能等级考试的通过率
专业发展	对自己所选专业的前景估计
	本专业课程设置的合理性

续表

维度	题项
专业发展	本专业所采取的教学形式
硬件设施	学校的体育设施
硬件设施	学校的多媒体设备
资助政策	学校的奖学金政策
资助政策	学校的助学金政策
实训条件	校内实习实训的场所和设备
实训条件	校内实习实训的时间安排
总体评价	对学校总体教育服务质量评价

2.调查问卷的信度检验

信度（reliability）是指检测结果的一致性、稳定性和可靠性。本问卷采用Cronbach'α系数检验问卷的内部一致性信度。Cronbach'α值越接近1，一致性信度越好。最低信度值大部分学者界定为0.6。Cronbach'α系数值介于0.60至0.70，信度一般，勉强接受；Cronbach'α系数值介于0.70~0.80，信度高，可接受；Cronbach'α系数值介于0.80~0.90，信度很高；Cronbach'α系数值大于0.90，信度非常好。本研究问卷的各个维度的Cronbach'α值均大于0.7，问卷整体的Cronbach'α值为0.95，表明问卷的信度高，可以接受（见表4-3）。

表4-3 中职生教育服务满意度信度分析表

维度	题数	Cronbach'α值
校园环境	5	0.8474
升学机会	4	0.8957
教师能力	3	0.8765
就业条件	4	0.8631
专业发展	3	0.8261
硬件设施	2	0.7284
资助政策	2	0.8933

续表

维度	题数	Cronbach'α值
实训条件	2	0.7676
总问卷	26	0.9577

注：表中报告的是最终正式问卷的Cronbach'α值。

3.调查问卷的效度检验

效度（validity）指测量结果与试图达到的目标之间的接近程度，评价的是偏倚和系统误差问题。本研究影响中职生满意度的指标较多，因此在问卷设计时考虑了不同的维度，并用不同指标来分别进行测量。因此，就需要利用因子分析来对这些维度进行效度检验，以证明这些维度下的指标是在解释和说明同一个影响因素。

进行因子分析之前，首先对变量之间的相关关系进行检验，以检测其进行因子分析的适宜性。常用变量之间相关性检验的方法主要有KMO（Kaiser-Maiser-Olkin）样本测度和巴特莱特球体检验（Bartlett test of Sphericity）法。本研究主要采用KMO检验和Bartlett检验方法。一般情况下，KMO值至少应该大于0.6才适合进行因子分析。本研究KMO检验的值为0.968，认为适合做因子分析；Bartlett检验的P值<0.001，表明数据符合正态分布，可进行下一步的分析。具体检验结果见表4-4。

表4-4　KMO 和 Bartlett 的检验

取样适当的Kaiser-Maiser-Olkin度量		0.968
Bartlett球形度检验	近似卡方	28751.289
	df	406
	Sig	0.000

在因子分析的过程中，根据具体的变量现实意义，因子累计贡献率的大小

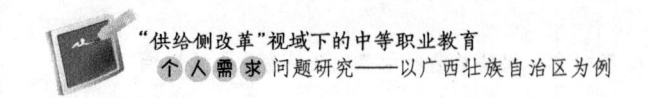

等综合考虑，采用spas18.0分析工具，从25个变量中提取了8个公因子，具体因子提取结果见表4-5。

表4-5 因子提取结果

成分	初始特征值 合计	方差的%	累积%	提取平方和载入 合计	方差的%	累积%	旋转平方和载入 合计	方差的%	累积%
1	13.125	48.612	48.612	13.125	48.612	48.612	3.191	11.817	11.817
2	1.426	5.282	53.893	1.426	5.282	53.893	2.628	9.733	21.550
3	1.124	4.163	58.057	1.124	4.163	58.057	2.609	9.662	31.212
4	1.001	3.618	61.674	0.977	3.618	61.674	2.581	9.558	40.771
5	0.844	3.125	64.799	0.844	3.125	64.799	2.183	8.087	48.858
6	0.824	3.051	67.850	0.824	3.051	67.850	1.949	7.220	56.078
7	0.779	2.885	70.735	0.779	2.885	70.735	1.841	6.819	62.897
8	0.755	2.796	73.531	0.755	2.796	73.531	1.733	6.417	69.314

注：提取方法：主成分。

由表4-5可以看出，如果按照初始特征值大于1的标准来提取公因子，只能提取4个公因子，其累计方差贡献率只有61.674%，说明这4个公因子对整个变量的代表性不高。确定公因子提取的数量，一般要求初始特征值大于1，但这只是经验准则，不具备充分的理论支持。本研究基于各个变量的实际意义，累计方差率的大小，因子碎石图、因子旋转后的载荷情况（每个公因子的因子载荷量大于0.4），认为提取了8个公因子比较理想，其累计方差贡献率达到73.531%，8个公因子基本能够代表解释学生满意度的状况，问卷具有较好的结构效度。

（二）调查样本选择

本研究把广西地区划分为桂北、桂南、桂西、桂东四个区域。分别在四个区域中随机抽取十所中等职业学校，分别为广西物资学校（南宁市）、博白县中等职业学校（玉林市博白县）、崇左东盟职业技术学校（崇左市）、广西右江民族商校（百色市）、贵港市民族职业学校（贵港市）、贵港市职教中心（贵港市）、桂林旅游中等专业学校（桂林市）、玉林第一职业技术学校（玉林市）、张艺谋漓江艺术学院（桂林阳朔县）、南宁机电学校（南宁市）。样本的专业包括：电子应用与维修、汽车应用与维修、会计、计算机、广告设计、电子商务、文秘、烹饪、数控技术、学前教育、服装、机电设备安装与维修、物流、舞蹈、音乐等。发放1800份问卷，回收1754份，回收率97.4%，剔除无效问卷，剩余1557份问卷，问卷有效率88.77%。样本分布情况见表4-6。

表4-6　中职生教育服务质量满意度调查样本分布情况表

项目		数量(n)	百分比(%)
性　别	男	659	42.32
	女	898	57.68
年　级	一年级	782	50.22
	二年级	775	49.78
学校性质	公办	1125	72.25
	民办	432	27.75
学校位置	城市	1169	75.08
	县城	388	24.92

（三）研究结果及分析

1.学生总体满意度情况

由表4-7可以看出，中职学生对教育服务质量的总体满意度为3.65，介于一般到比较满意之间。我国本科院校学生满意度均值为3.75，高职院校的学生满意度均值为3.705[1]，同这两类学校相比，中职生满意度较低，表明中职教育服务质量还应有很大的改善空间。在具体的各维度教育服务中，学生的满意度

---

[1] 欧阳河，等.高职院校服务质量实证研究——以我国27个省、市自治区高职院校应届毕业生抽样调查为例[J].教育研究，2007（7）：51-58.

值处于3~4之间，最高值是3.77，最低值是3.43，相差0.34分。中职生最满意的是教师能力，表明中职学校师生关系较好，学生对老师都比较认可。其次，是专业发展。笔者在中职生调查的过程中，大部分学生都表明专业是自己选择的，对本专业前景看好，并比较喜欢，不是父母决定的。再次是学校的资助政策。中等职业学校实行免学费政策后，还合理和公正的给予学生奖学金和助学金，学生对此比较满意。最后是升学机会。大部分中职学校都有对口升学的高职，学生上高职并不困难，关键是看学生有没有上高职的意愿。满意度排在后面几位的是就业条件，实训条件，校园环境和硬件设施。这几个方面学生相对满意度低一些，笔者在调查的过程中，学生也经常提起，希望学校能在这些方面加以改进。尤其是校园环境，学生提到多次，希望中职学校能加强整个校园环境的建设，如增加绿化、改善食堂卫生和住宿条件等，为学生创造一个优美的学习环境。

表4-7　中职生教育服务质量满意度总体调查结果表

维度	满意度均值	标准差	排序
升学机会	3.65	0.85	4
教师能力	3.77	0.83	1
校园环境	3.45	0.86	7
就业条件	3.57	0.84	5
专业发展	3.71	0.85	2
硬件设施	3.43	0.87	8
资助政策	3.66	0.94	3
实训条件	3.52	0.87	6
总体评价	3.65	0.84	

2.各分项服务满意度的情况

从表4-8看出，校园环境满意度较低，总排名第七。这个维度下学校的饮食及卫生条件满意度最低，为3.31。在同学生的访谈中，学生多次提到学校的饭菜太单一，价格贵，味道差，希望校方改进。这个维度下学生最满意的是学校的社会评价，为3.63。很多学生表示，他们之所以会选择这所职业学校就是家里周围同学或亲戚的推荐，学校有较高的社会评价。所以这项服务学生相对较满意。

表4-8 中职生教育服务质量满意度各分项服务调查结果表

维度	题项	满意度均值
校园环境(7)	学校饮食及卫生条件	3.31
	学校的住宿条件	3.40
	校园外周边环境	3.38
	校园内环境	3.53
	学校的社会评价	3.63
升学机会(4)	学校提供上一般本科院校的机会	3.66
	学校提供上高职的机会	3.71
	学校提供上一般本科院校的质量	3.58
	学校提供上高职的质量	3.65
教师能力(1)	教师的教学态度	3.79
	教师的教学能力	3.74
	教师指导实习实训的能力	3.76
就业条件(5)	学校推荐就业单位的数量	3.54
	学校推荐就业单位的质量	3.53
	学校提供顶岗实习的机会	3.59
	学校职业技能等级考试的通过率	3.63
专业发展(2)	对自己所选专业的前景估计	3.81
	本专业课程设置的合理性	3.70
	本专业所采取的教学形式	3.65
硬件设施(8)	学校的体育设施	3.42
	学校的多媒体设备	3.44
资助政策(3)	学校的奖学金政策	3.63
	学校的助学金政策	3.69

续表

维度	题项	满意度均值
实训条件(6)	校内实习实训的场所和设备	3.50
	校内实习实训的时间安排	3.53

注：每个维度后面括号里的数字代表各维度满意度的排名。

升学机会整体满意度排名第四，这个维度下学生最不满意的是学校提供上本科院校的质量，学生最满意的是上高职的机会。笔者在广西各个中职学校的调研中，大部分中职学校表明，学校都有对口升学的高职学校，学生一入校就签订一份是否升高职的协议，如果愿意升高职，只要满足一定的学习成绩（这个条件很容易达到），学生就可以免试升入高职学校。因此，对于中职学生来说，只要愿意升高职都可以实现，关键看学生是否愿意升高职。在升学机会这个维度下，学生对上高职的机会最满意。但同时学生也表示，学校能够提供对口升学的本科院校非常有限，最好的学校也就是广西师范大学，桂林电子科技大学，并且这些学校只针对一些专业，还有很多专业能对口升学的是钦州学院、梧州学院等。学生对此表示不太满意，希望能扩大对口升本科学校的质量。此外，还有学生反映，能升本科学校的学生，必须有中考成绩，且成绩为B或C+以上才可以，学生认为这样限制条件太多，影响学生上本科大学的积极性。

教师能力整体满意度排名第一，这个维度下学生满意度最低的一项是教师的教学能力。学生反映，有些教师的教学比较死板，照本宣科，上课死气沉沉，完全提不起学习的兴趣。还有些教师是一些学校退休的老教师，年龄太大，授课跟不上时代，学生对老师比较不满意。可见，中职学校教师的教学形式还有待进一步提高。这个维度下，学生最满意的是教师的教学态度。表明教师对学生都比较认真和负责。

就业条件整体满意度排名第五，其中学生最不满意的一项服务是学校推荐就业单位的质量。很多学生反映,学校推荐的就业单位数量虽然比较多,但推荐的企业都是发展一般的小企业,工作的稳定性不高,待遇一般。有些学校推荐的就业单位专业不十分对口,学生去了就是个打杂工,感觉很不舒服。这个维度下学生最满意的是职业技能考试的通过率。学生提到,一般毕业后学生都能拿到两个证书,一个是毕业证书,一个是技能证书。学校比较注重技能证书考试的辅导,对同学们开设专门辅导课,帮助学生获得技能证书,所以学生比较满意。

专业发展整体满意度排名第二,其中学生最不满意的一项是教学形式。学生认为专业开设的课程都比较合适,但有些课程的教学形式不生动,没有引起学生的兴趣。这一点也刚好与教师的教学能力相呼应,教师教学能力有限而引起的上课形式单一和死板。在这个维度下学生最满意的是对自己所选专业的前景估计,满意度分数高达3.81,也是所有题项中满意度分数最高的。这充分表明学生对自己所学专业的信任和喜爱。硬件设施整体满意度排名最后,其中学校的体育设施学生最不满意。很多学生表示喜欢体育运动,同学们尤其希望学校有一个正式的体育馆。男同学可以进行篮球、排球比赛、健身房锻炼身体,女同学希望学习健美操和瑜伽。但这些学校都没有,只有一个简陋的露天篮球场和一个不达标的足球场。

资助政策整体满意度排名第三,其中学生较不满意的是学校的奖学金政策。有些学生认为奖学金政策评价标准不客观,奖学金资助力度不够,影响学生的学习积极性。实训条件整体满意度排名第六,其中学生较不满意的是校内实训的场所和设备。学生反映在校内实习基地的设备不够先进,跟不上新技术的发展,希望学校改进。

3. 总体满意度的差异分析

从表4-9可见,中职生对学校教育服务质量满意度在性别上有显著差异($P<0.05$),女性的满意度要高于男性,高0.11。笔者认为,这是因为女性来自外界和父母的学习压力较小。很多家长认为,女孩子考不上大学,将来有一份

较稳定的工作就好。女孩子上个中职学校也行，不用像男孩子一样要求那么高，一定要上正规的大学，将来出人头地。正是在这样的思想观念下，女孩学习压力不大，自我成就感较高，所以对学校的满意度就较男孩高一些。

表4-9 中职生教育服务质量满意度差异性分析

项目		数量	均值	标准差	t值	P值
性别	男	659	3.59	0.88	−2.4553	0.0142*
	女	898	3.70	0.81	—	—
年级	一年级	782	3.70	0.80	2.4093	0.0161*
	二年级	775	3.60	0.88	—	—
学校性质	公办	1125	3.61	0.85	−3.219	0.0013**
	民办	432	3.76	0.81	—	—
学校位置	城市	1169	3.68	0.81	2.6315	0.0086**
	县城	388	3.55	0.93	—	—

*$P<0.05$ **$P<0.01$ ***$P<0.001$。

中职生对学校教育服务质量满意度在年级上有显著差别（$P<0.05$），一年级学生满意度高于二年级学生，高0.1。其原因是一年级学生刚刚进入学校，对学校有些服务项目还不非常了解，只是感觉学习轻松，对学校相对满意。二年级学生在校时间较长，对学校的各项服务了解更多，他们也会更多地去考虑未来的专业发展状况，所以相对满意度就会比一年级学生低一些。

中职生对学校教育服务质量满意度在学校性质上有显著差别（$P<0.001$），民办学校高于公办学校，高0.15。笔者调研的两所广西地区民办中等职业学校，一所是张艺谋漓江艺术学校，另一所是贵港市民族职业学校。这两所民办中职学校都是当地举办非常成功的学校，具有相对较高的竞争优势，所以学校学生满意度较高，并且高于公办学校。

中职生对学校教育服务质量满意度在学校位置上有显著差别（$P<0.001$），城市学校的满意度高于县城，高0.13。城市中职学校相对学校环境、教学条

件、实习与就业推荐的单位等都会比县城学校好很多，学生都倾向去城市的中职学校。所以，城市学校学生的满意度高于县城学校的学生。

4.影响学生满意度的主要因素

中等职业教育供给质量包括的选项比较多，本研究拟通过因子分析法将所列变量归结为几个因子，然后通过分析各因子方差贡献率的大小来比较每个因子影响程度的大小。问卷效度检验时，已对问卷进行因子分析，在此不再赘述。表4-10是旋转后的因子载荷矩阵。

表4-10 旋转后的因子载荷矩阵

各因子载荷值	1	2	3	4	5	6	7	8
学校提供上一般本科院校的机会	0.763							
学校提供上高职的质量	0.747							
学校提供上一般本科院校的质量	0.683							
学校提供上高职的机会	0.681							
教师的教学态度		0.783						
教师指导实习实训的能力		0.749						
教师的教学能力		0.726						
学校饮食及卫生条件			0.740					
学校的住宿条件			0.723					
校园外周边环境			0.564					
校园内环境			0.529					
学校的社会评价			0.476					
学校推荐就业单位的数量				0.766				
学校推荐就业单位的质量				0.742				
学校提供顶岗实习的机会				0.536				
学校职业技能等级考试的通过率				0.505				
对自己所选专业的前景估计					0.773			
本专业开设的核心课程					0.668			
本专业所采取的教学形式					0.571			

续表

各因子载荷值	1	2	3	4	5	6	7	8
学校的体育设施						0.771		
学校的多媒体设备						0.752		
学校的奖学金政策							0.783	
学校的助学金政策							0.776	
校内实习实训的场所和设备								0.725
校内实习实训的时间安排								0.703

根据表4-10的因子载荷矩阵，每个项目的负载值是以大于0.4为取舍标准。第一个因子大于0.4的有4项，依负载值的大小排列顺序为，学校提供上一般本科院校的机会、提供上高职的质量、提供上一般本科院校的质量、提供上高职的机会。这4项都与升学有关，因子起名为"升学机会"。

第二个因子中负载值大于0.4的有3项，分别是教师的教学态度、指导实习实训的能力、教学能力。这3项都与教师的能力相关，因子起名为"教师能力"。

第三个因子中负载大于0.4的有5项，分别是学校饮食及卫生条件、住宿条件、校园外周边环境、校园内环境、学校的社会评价。这5项都属于学校的生活和学习环境，因子起名为"校园环境"。

第四个因子负载大于0.4的有4项，分别是学校推荐就业单位的数量、推荐就业单位的质量、提供顶岗实习的机会、职业技能等级考试的通过率，这4项都与学生的就业相关，因子起名为"就业条件"。

第五个因子负载大于0.4的选项有3个，分别是对自己所选专业的前景估计、本专业开设的核心课程、本专业所采取的教学形式。这3个选项都与学生的专业发展选择相关，因子命名为"专业发展"。

第六个因子负载大于0.4的选项有2个，分别是学校的体育设施、多媒体设备。这2个选项都与学校的硬件设施相关，因子命名为"硬件设施"。

第七个因子负载大于0.4的选项有2个，分别是学校的奖学金政策、助学金政策。这2个选项都与学校的奖学金、助学金政策相关，因子命名为"资助政策"。

第八个因子负载大于0.4的选项有2个，分别是校内实习实训的场所和设备、校内实习实训的时间安排。这2个选项都与学校的实习条件相关，因此命名为"实训条件"。

因子分析结果表明，可以把影响学生对中等职业教育供给质量满意度的因素归结为8个方面，依据影响力的大小分别是升学机会、教师能力、校园环境、就业条件、专业发展、硬件设施、资助政策、实训条件。影响最大的因子是升学机会，远高于其他的因子，解释总方差的比例达到了48.612%。这表明学校如果能提供更优质升学机会就会大大提高学生的满意度。排名第二位的是教师能力，表明良好的师生关系对学生的满意度也能有所提高。排名第三位的是校园环境，本书前面提到校园环境满意度排名第七位，如果学校能很好地改善校园环境，对学生满意度的提高将非常重要。

二、中等职业教育供给质量个人需求优先序的实证调查

满意度问卷是学生对中等职业教育服务质量的客观评价。但有时学生对中等职业教满意的服务项目不一定是学生最需要的服务项目。为了厘清学生需求的教育服务和学生满意的教育服务的差别，本研究对学生对中等职业教育各项服务需求的优先顺序进行了实证调查。

（一）调查问卷设计

对公共产品或公共服务需求程度的考核，大多采取位序结构法。所谓位序结构法就是把要考察的公共产品或公共服务列出来，让接受调查者从中按照重要程度依次进行排列，排序越靠前，说明此项服务对被调查者越重要，需求迫

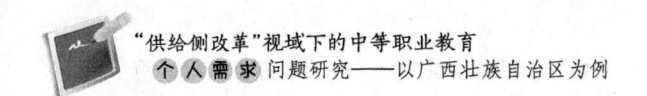

切程度也越大。[1]

为了准确对比学生需求的服务项目和学生满意的服务项目，本研究按照中职生教育服务满意度调查问卷因子分析结果的八个维度来设计学生需求的服务选项。让学生从这八个服务选项中，按照重要顺序，依次选出自己比较需要的服务项目。具体问题见表4-11。

表4-11 中职生各项教育服务需求度设置的题目

维度	对应题项
升学机会	学校提供的升学机会和质量
教师能力	学校教师的教学能力和教学态度
校园环境	学校的整体环境和社会评价
就业条件	学校提供的就业保障
专业发展	学校是否有自己喜欢的专业以及专业的未来发展
硬件设施	学校的各种硬件设施（如计算机房、实验室、体育器材等）
资助政策	学校的奖学金、助学金政策
实训条件	学校提供的实训设备和实训安排

具体各选项赋值如下：中职生根据以上8个选项，从中列出他在选择职业院校时最看重的5个因素，排序越靠前，表明学生对这项服务需求越强烈。进行数据处理时，按照学生对选项重要性排序，分别从第一至第五赋予5分、4分、3分、2分和1分，各选项得分=第一重要被选中次数×5+第二重要被选中次数×4+第三重要被选中次数×3+第四重要被选中次数×2+第五重要被选中次数×1，得分总和即为该选项的需求度总得分，得分越高表明需求度越高，最后根据需求度总得分高低排出需求优先顺序。问卷发放对象同上一节中职生教育服务满意度调查问卷是一样的，在此不再赘述。

---

[1] 许莉.中国农村公共产品政府供给研究——基于政府和农民的视角[M].北京：经济管理出版社，2014：113.

（二）研究结果及分析

1.学生对学校各项服务需求的总体情况

从表4-12可以看出，学生在选择职业学校时，最需要考虑的是专业发展，需求度得分3976分，远远高于排名第二位的2632分，高出1344分。这表明学校是否有合适的专业是学生最主要考虑的因素，表明学生对职业教育的选择更趋向理性。排名第二位的是校园的整体环境和社会评价。学生选择职业学校前，一般都会提前打听学校的排名和校园环境，在相同专业的条件下，肯定优先选择社会评价较高和学校环境较优美的学校。这也表明，随着生活水平的提高，学生对教育的需求有所提高，对学习环境的需求加强。需求度排名第三位的是，学校提供升学的机会和质量。表明很多学生选择上中等职业学校，主要还是为了升学，希望能通过中职学校实现大学梦。需求度排名第四位的是就业，学生对学校提供的各种就业单位也是主要考虑的因素。中职学校有些学生不想升学，他们选择职校就是为了学一门技能以便容易就业。需求度排名第五位、第六位的分别是学校的实训条件和教师能力。这两项服务学生需求较弱，但都超过了2000分，所以学校也应适当兼顾考虑这两项服务的改善。需求度排名最后两位是学校的硬件设施和学校的奖学金、助学金政策，需求度得分都是2000分以下。表明学生对这两项服务需求不强，学校可以暂时不用考虑改善。

表4-12　中职生学校教育服务需求度排名表

项目	被选中频数					需求度总分	排序
	第1	第2	第3	第4	第5		
①学校的整体环境和社会评价	341	100	108	57	89	2632	2
②学校是否有自己喜欢的专业和专业未来发展	418	308	135	91	67	3976	1
③学校提供的就业保障	155	211	169	84	78	2372	4

续表

项目	被选中频数 第1	第2	第3	第4	第5	需求度总分	排序
④学校提供升学的机会和质量	173	193	176	141	71	2518	3
⑤学校提供的实训设备和实训安排	80	163	203	172	153	2158	5
⑥学校奖学金、助学金政策	60	93	149	161	94	1535	8
⑦学校的各种硬件设施	37	88	172	226	149	1654	7
⑧学校教师的教学能力和态度	100	134	148	218	208	2124	6

2.学生需求的性别差异分析

从表4-13可以看出，男女中职生对学校各项服务的需求度除了题项②③是一样的，其他各项服务需求度排序都是有区别的，其中差别最大是①④题项。女生更看重学校的升学机会和质量，需求度排名第二位，表明很多女生上中职是为了升学，而男生在升学这个方面需求会低一些，需求度排在第四位，与女生有2个排序差异。其次，对学校整体环境和社会评价的需求，男生排在第二位，而女生排在第四位，表明男生较注重校园环境和社会评价，而女生选择职校更加理性，认为学校的升学和就业都比学校的环境建设更重要。其他几项服务⑤⑥⑦⑧，男女生需求度差异都不大，只有一个排序的差异。

表4-13 中职生学校教育服务需求度排名性别差异表

项目	总排序	性别 男	性别 女
①学校的整体环境和社会评价	2	2	4
②学校是否有自己喜欢的专业和专业发展	1	1	1
③学校提供的就业保障	4	3	3
④学校提供升学的机会和质量	3	4	2
⑤学校提供的实训设备和实训安排	5	5	6

续表

项目	总排序	性别 男	性别 女
⑥学校奖学金、助学金政策	8	8	7
⑦学校的各种硬件设施	7	7	8
⑧学校教师的教学能力和态度	6	6	5

3. 学生需求的年级差异分析

从表4-14看出，一年级学生和二年级学生对学校教育服务需求的差异主要表现在①和③题项上。一年级的学生更看重的是学校的整体环境和社会评价，需求度排名第二位，而二年级的学生只排到了第四位。学校提供的就业条件，二年级学生需求度排到了第二位，一年级学生却排到第四位。这表明一年级学生入校不到一年，还没有更多地考虑就业，仍然比较关心学校的环境，而二年级学生入校已将近两年，面临就业，所以他们关注更多的是未来的就业，所以对就业条件需求就会上升。其他题项②④⑤⑧，一年级学生和二年级学生需求排序没有差异，⑥⑦题项有一个排序的差异。

表4-14 中职生学校教育服务需求度排名年级差异表

项目	总排序	年级 一	年级 二
①学校的整体环境和社会评价	2	2	4
②学校是否有自己喜欢的专业和专业发展	1	1	1
③学校提供的就业保障	4	4	2
④学校提供升学的机会和质量	3	3	3
⑤学校提供的实训条件和实训安排	5	5	5
⑥学校奖学金、助学金政策	8	8	7
⑦学校的各种硬件设施	7	7	8
⑧学校教师的教学能力和态度	6	6	6

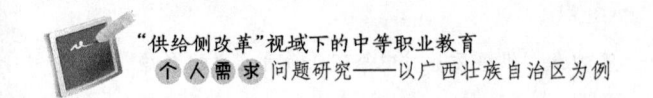

4.公办学校与民办学校需求差异分析

从表4-15可以看出,公办学校和民办学校学生的需求差异较大,在①③④⑧四个题项上都出现了较大差异。在①和③题项上,公办学校的学生更看重的是学校的整体环境和社会评价,需求度排在第二位,却把就业条件需求度排到第四位;而民办学校的学生刚好相反,把就业条件需求度排第二位,而学校整体环境和社会评价排第四位。这表明选择民办学校的学生都是出于对学校就业条件的吸引才去的,他们更看重的是就业保障,对学校的整体环境和社会评价不是非常关注。公办学校与民办学校学生需求度的另一个较大差异是,民办学校的学生对教师的教学能力需求高,需求度排在第三位,而升学机会需求度较低,只排到第六位。公办学校的学生这两项排序正好与民办学校相反。笔者认为出现这种差异表明选择民办学校的学生他们一般不去考虑升学,更多的是为一份有保障和质量的工作而去,所以对升学的需求度排名偏后,而对就业和教师能力需求度就会强一些。其他题项②⑤没有区别,⑥⑦题项有一个排序的差异。

表4-15 公办与民办学校中职生学校教育服务需求度排名差异表

项目	总排序	学校性质 公办	学校性质 民办
①学校的整体环境和社会评价	2	2	4
②学校是否有自己喜欢的专业和专业发展	1	1	1
③学校提供的就业保障	4	4	2
④学校提供升学的机会和质量	3	3	6
⑤学校提供的实训设备和实训安排	5	5	5
⑥学校奖学金、助学金政策	8	8	7
⑦学校的各种硬件设施	7	7	8
⑧学校教师的教学能力和态度	6	6	3

5.城市学校与县城学校需求差异分析

从表4-16可以看出,城市学校和县城学校的学生需求度排序有一定的差异,主要表现在③④⑤⑧题项上。县城学校的学生对就业条件需求度排序第二位,升学机会需求度排序第五位;而城市学校的学生对就业条件需求度排序第五位,而升学机会排到第三位。这就表明城市学校的学生对升学的需求强一些,而县城学校的学生对就业需求强一些。为什么会有这种差异,笔者认为县城学校的学生基本就是本县及本县附近的学生,他们的家庭经济条件较差,父母既无经济能力供孩子去城市学校读书,也无经济能力供孩子上大学,所以让孩子去中职学校读书就是为了将来找一份合适的工作,所以县城学校的学生就会对就业需求高一些,排名第二位。城市学校和县城学校学生需求服务的另一个差异是,县城学校的学生对教师能力需求强一些,排序第四位,而对学校的实训条件需求弱一些,只排到第六位。城市学校的学生恰好与此相反。这是因为,县城学生与外界接触的面要小一些,信息得到少,就更依赖学校老师的引导和建议,所以学生会对学校老师能力需求高一些;而城市学校的学生接触面广,有自己的主观认知,所以对教师能力需求低一些。其他题项②没有区别,①⑥⑦题项有一个排序的差异。

表4-16 城市学校与县城学校中职生学校教育服务需求度排名差异表

项目	总排序	学校地点 城市	学校地点 县城
①学校的整体环境和社会评价	2	2	3
②学校是否有自己喜欢的专业和专业发展	1	1	1
③学校提供的就业保障	4	5	2
④学校提供升学的机会和质量	3	3	5
⑤学校提供的实训设备和实训安排	5	4	6
⑥学校奖学金、助学金政策	8	8	7
⑦学校的各种硬件设施	7	7	8
⑧学校教师的教学能力和态度	6	6	4

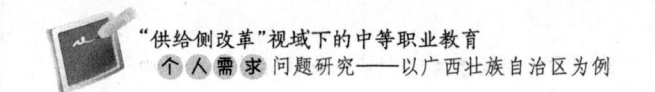

三、中等职业教育供给质量与个人需求优先序的对比分析

(一) 学生满意度与需求度排序的差异分析

前面我们分析了学生对中等职业学校各项教育服务满意度和需求度的情况。下面我们就对学生满意度和需求度排序做比较，看看学生最满意的教育服务是不是学生最需要的服务。两者的具体排序见表4-17。

表4-17 中职生教育服务满意度和需求度的排序差异表

维 度	满意度排序	需求度排序
升学机会	4	3
教师能力	1	6
校园环境	7	2
就业条件	5	4
专业发展	2	1
硬件设施	8	7
资助政策	3	8
实习条件	6	5

从表4-17可以看出，学生对中等职业教育服务满意度和需求度在每个项目上都存在差异，有些差异较大，有些差异较小。根据两者的排序，笔者把学校提供的各项服务分为以下五类。

第一类是高满意度、低需求度的项目，这个包括教师能力和资助政策。教师能力满意度排序第一位，需求度排序第六位，相差五个排序。这表明中职学校学生和教师的关系相处融洽，学生对老师认可。在调研过程中，学生也都反映老师比较关心学生的生活，对学生的发展提出中肯的建议，尊重学生的选择。但这个服务项目却不是学生非常需要的，尽管满意度高，但需求度低，这也会影响学生对学校的选择和认识。其次，资助政策满意度排名第三位，需求度排名第八位，也相差五个排序。表明国家对中职学校实行的免学费政策和助学金政策得到学生的认可，学生比较满意，但学生对此项服务需求不强烈，而更多的是考虑其他服务项目。

第二类是高需求度、低满意度的项目，这个仅包括校园环境。校园环境是学生高度需求的项目，排名第二位，而在满意度中排名第七位，这之间的差异有五个排序。随着人们生活水平的提高，学生对教育的需求也呈现出更高的要求。学生希望在一个优美的校园环境中完成学业。在调研中，很多学生表示，学校的面积太小，树木太少，教学楼太旧，活动空间少，希望学校能在这个方面改进。这个项目应是校方重点改进的服务项目，以提高学生的满意度。此外，因子分析结果表明校园环境对学生满意度的影响程度排名第三位，这可以看出，提高校园环境既可以有效增加学生的满意度，同时提高学生的需求度。

第三类是高满意度、高需求度的项目，这个包括专业发展，它需求度排第一位，满意度排第二位。表明专业发展是学生选择中职学校最主要考虑的因素，同时，学生对自己选择的专业也比较认可和满意。

第四类是中等满意度、中等需求度的项目，这包括升学机会、就业条件和实训条件，这三项服务满意度和需求度排序都在第三位到第六位之间，呈现中等水平。

第五类是低满意度、低需求度的项目，这个包括硬件设施。硬件设施主要指学校的操场、计算机室、实验室等。学生对学校的这些条件都存在不满，排名最后。同时，在需求度排序时，学生也对此项服务需求也不强烈，排名为第七位。

（二）学生满意度与需求度排序的相关分析

中职生对学校各项服务的满意度和需求度排序存在差异，那两者之间是否有相关关系呢？为了了解学生对中等职业教育满意度和需求度排序的相关性系数，本研究采用Spearman相关系数测量满意度和需求度之间的相关性。Spearman 相关系数适合考察两个顺序变量线性相关程度，因此可以用来测量满意度与需求度排序的相关性。检验结果如下所示。

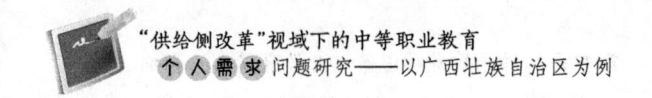

Number of obs =8

Spearman's rho =0.0476

Test of Ho：var1 and var2 are independent

Prob>|t|=0.9108

检验结果显示，满意度排名与需求度排名的Spearman相关系数为0.0476（P= 0.9108）。由此可见，需求度和满意度评价不存在明显的相关关系。因此，在改进中等职业教育供给质量时应综合考虑学生需求度和满意度两方面的因素。

综上所述，不难发现，学生对中等职业教育各项服务满意度和需求度排序不存在明显的相关性，并具有一定差异，所以应当综合考虑学生满意度和需求度的因素。中等职业教育为了提高供给质量，真正吸引更多的学生，应该先以学生的需求为主，再兼顾学生不太满意的服务项目，即按照"需求优先，满意为辅"的原则来确定中等职业教育需要优先改进的服务项目。

首先，优先考虑改进的是高需求度、低满意度的服务项目。这些服务项目是学生高度需求的，学生对此的评价状态又是低满意度，校方对此应加大重视，着手提高这些服务项目的供给质量以提高学生的满意度，进而增强学生的需求意愿。其次，继续注重高满意度，高需求度的服务项目。这属于学校的优势服务项目，学校应在巩固已有成果的基础上，继续保持优势项目服务质量。再次，尽力改善中等需求度、中等满意度的服务项目。这些项目尽管是学生中度需求的项目，学校也要根据自己发展特点有针对性提高服务质量，尽最大力量满足学生中度需求的服务项目。最后，对低需求度、高满意度的服务项目和低需求度、低满意度的服务项目，学校可以暂时不考虑提高这几项服务质量的工作。中等职业教质量具体改进策略如表4-18所示。

表4-18 中等职业教育质量改进策略

项目	改进策略
高需求度、低满意度项目	急需提高的服务项目
高需求度、高满意度项目	继续维持的优势项目
中等需求度、中等满意度项目	尽力改善的服务项目
低需求度、高满意度和低需求度、低满意度项目	暂缓改进的服务项目

四、本章小结

中等职业教育供给质量对个人需求的影响有直接作用。本书以学生对中等职业教育服务满意度为衡量指标，考核中等职业教育的供给质量。笔者参考了国内外学生满意度问卷和实地调查，自制了中职生调查问卷。问卷共计26个问题，8个维度。8个维度分别是校园环境、就业机会、专业发展、升学机会、实习条件、资助政策、教师能力和硬件设施。问卷在广西地区的十所中等职业学校发放，共计有效问卷1557份。调查结果显示，学生对学校整体教育服务的质量满意度为3.65。每个维度满意度的排序由高到低是教师能力、专业发展、资助政策、升学机会、就业条件、实习条件、校园环境、硬件设施。学生的整体满意度在性别、年级、学校性质和学校地点上都有显著差异。根据因子分析结果，影响学生满意度公因子从大到小是，升学机会、教师能力、校园环境、就业条件、专业发展、硬件设施、资助政策、实训条件。其中影响最大的因子是升学机会，远高于其他的因子，解释总方差的比例达到了48.612%。

为了区分学生需求的服务是否和学生满意的服务是一致的，本研究在满意度问卷8个公因子的基础上，让学生按需求程度选出最需要的前5个公因子。根据学生选择的结果，学生对学校各项服务需求度由强到弱的顺序是专业发展、校园环境、升学机会、就业条件、实习条件、教师能力、硬件设施、资助政策。学生的需求强度排序在性别、年级、学校性质和学校地点上也都存在差异。

学生对中等职业教育服务满意度和需求度排序上没有明显相关性，两者之

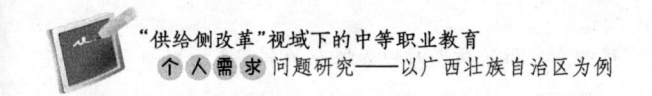

间存在差异。根据两者的差异，可以把学校供给的服务项目分为五类，分别是：高需求度、低满意度的项目；高需求度、高满意度的项目；低需求度、高满意度的项目；中等满意度、中等需求度的项目；低需求度、低满意度的项目。根据"需求优先、满意为辅"的原则，高需求度、低满意度的项目是学校急需提高的项目；高需求度、高满意度的项目是学校继续维持的优势项目；中等满意度、中等需求度的项目是学校应尽力改善的服务项目；低需求度、高满意度的项目和低需求度、低满意度的项目是学校暂缓改进的服务项目。

第五章 结论与建议

中等职业教育是我国教育的重要组成部分,它肩负着为国家培养大量技术型人才和熟练劳动力的重任。在面临吸引力不足、需求不旺盛的情况下,如何增强中等职业教育需求是亟须解决的问题。本章首先对前述实证研究结论进行简要总结;紧接着基于对发达国家发展中等职业教育经验的借鉴,从"供给侧"的角度对我国中等职业教育需求提出政策建议;最后,对本研究可能的创新和不足做一说明。

一、研究结论

本研究基于大量的统计数据,梳理了新中国成立后中等职业教育需求的演变历程,并对现时的中等职业教育需求状况进行了比较分析。通过对广西地区十所中职学校的学生问卷调查和三所中职学校、一个职业教育集团的实地调研,采用案例法、访谈法和问卷法分析了供给方式和供给质量对中等职业教育需求的影响,本研究得出以下结论。

(1) 中等职业教育需求状况处于下滑趋势,并且中等职业教育规模与普通高中教育规模失衡。依据统计数据显示,2010~2014年中等职业教育的招生数和在校生数都呈现逐年下滑趋势,并且2014年中等职业教育在校生数与普通高中教育在校生数为1:1.33,两者比例失衡。

(2) 民办中等职业教育学校不断萎缩,发展缓慢。民办中等职业教育学校从2009年开始不断缩小,而2009年刚好是中职教育实施免费政策的第一年,表明此项政策对民办学校带来了不小的冲击。

（3）学生对中等职业教育的需求意愿在进入中职学校前后有很大变化，进入中职学校前需求意愿还是倾向普通高中，而一旦进入职业学校学习，随着对职业教育的认识和了解，需求意愿转而倾向于职业教育。同时，学习成绩对学生需求意愿的影响是关键因素。如果学生的学习成绩上普通高中有希望，需求意愿就倾向于普高。如果成绩不理想就转而倾向于职业教育。另外，经济条件不再是影响学生选择职业学校的主要因素，而学校的就业保证对学生的职业教育选择正逐渐成为最主要的影响因素。

（4）中等职业教育有政府供给、企业供给和多元主体供给三种形式，这三种供给方式各有优劣。从交易费用和学生需求满足的角度来看，政府供给方式事前交易费用少，而事后交易费用多；满足的是学生的基本需求，而少量满足差异需求。基于政府供给中职教育的特点，中等职业教育供给的主体还应是政府。民办中等职业学校事前交易费用多，而事后交易费用少；更多的是满足学生的差异需求，基本需求少量满足。基于企业供给中职教育的特点，民办学校应主要供给具有办学特色的学校。职教集团是事前交易费用和事后交易费用都不高，又可以较好地满足学生的基本需求和差异需求。基于职教集团供给中职教育的特点，我国应大力倡导职业教育集团化办学，充分发挥出职教集团的办学优势。

（5）中等职业教育供给质量与学生需求质量存在差异。根据两者的差异，可以把学校供给的服务项目分为五类，分别是：高需求度、低满意度的项目；高需求度、高满意度的项目；低需求度、高满意度的项目；中等满意度、中等需求度的项目；低需求度、低满意度的项目。根据"需求优先、满意为辅"的原则，高需求度、低满意度的项目是学校急需提高的项目；高需求度、高满意度的项目是学校继续维持的优势项目；中等满意度、中等需求度的项目是学校尽力改善的服务项目；低需求度、高满意度的项目和低需求度、低满意度的项目是学校暂缓改进的服务项目。

二、他山之石

"他山之石,可以攻玉。"一些发达国家如德国、美国、英国、澳大利亚、日本等,都是职业教育发展较成功的国家,在职业教育供给方式和供给质量方面都有很多值得我们借鉴的经验。

(一)各国政府在中等职业教育供给中的责任

职业教育在德国、美国、英国、澳大利亚、日本等国都分为高中阶段的职业教育和大学阶段的职业教育。这些发达国家对高中阶段的职业教育基本上是免费,由政府作为主要供给者。政府承担供给中等职业教育的主要责任体现在三个方面,即职业教育的管理体制、职业教育政策制定、职业教育经费投入。所以,本研究从这三个方面分别介绍,以期这些发达国家的经验对我国政府在中等职业教育供给中的责任提供借鉴和参考。

1.德国

德国是世界公认的职业教育发展最具特色和最成功的国家,它的"双元制"职业教育模式为德国培养了大量的技术人才,也为国家经济崛起和腾飞起到了巨大推动作用。德国实行12年制义务教育,9年为全日制普通义务教育,3年为半日制职业义务教育。6岁进入小学,4年小学毕业后进入不同的中学,即主体中学、实科中学、完全中学和综合性中学,其中主体中学和实科中学以职业教育为主。小学毕业后,学生既根据自己动手能力和智力情况,又依据老师的建议来选择不同类型的中学。学生进入中学后,如果想换其他类型的中学也是可以的,只要符合一定条件,都是可以转学的。16岁中学毕业后,学生进入普通高中或进入"双元制"学校、职业提高学校或职业专科学校。德国学生选择的自主性很强,中学毕业后的选择完全取决于自己的决定,老师和家长都不会对他们有过多的干预,同时学生也要对自己的选择负责。一般情况而言,大约有3/4的学生中学毕业后选择双元制职业学校,1/4的学生选择读普通

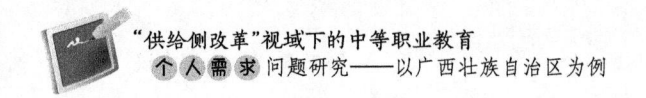

高中，然后读大学。❶

首先，从德国的职业教育管理体制来看，德国文化教育由各州自治，州享有文化自主权，联邦的教育权限非常有限。德国的职业教管理可以分为三大管理体系。一是由联邦教育与研究部、联邦职业教育与培训学会、联邦经济与科技部以及其他联邦部门组成的决策主体。它们之间的关系是：联邦职业教育与培训学会主要发挥决策和咨询作用，联邦教育与研究部连同相关联邦部门制定国家的职业教育政策等。二是由不同的理事会和相应的职业教育委员会形成的专业管理主体，对职业教育的质量保障、证书认定等工作开展专业管理。三是各州职业教育委员会在联邦教育部门以及联邦的各专业职业教育委员会的指导下具体负责本州内的职业学校事务。❷这三者之间不是垂直的上下级关系，而是分别代表不同的利益群体，根据各自的职责实施管理。可以看出，德国的职业教育是由社会众多部门参与的多元、多层次管理体制，这种良好的职业教育管理制度环境，为德国职业教育高效运作奠定了稳固的基础。❸

其次，从德国职业教育的政策制定来看，德国职业教育立法比较完善，通过各种立法形式对职业教育的管理、监督、组织、实施等加以保证，有力地促进了职业教育的发展。德国于1969年颁布《联邦职业教育法》对德国的职业教育发展做了较全面的规定。1981年又颁布了《职业培训促进法》。2005年4月，在这两个职业教育法的基础上，重新制定了新的《职业教育法》，这部新颁布的职业教育法律是德国发展职业教育，培养适应21世纪新型职业人才的重要保障。除了《职业教育基本法》，德国还相继颁布了一系列法律法规对职业教育进行规范。如各州的《学校法》《企业基本法》《青年劳动保护法》《工业宪章》《跨企业培训中心自主条例》《基础职业培训年学分条例》等。德国职业教育的法律法规制定相对完善，不但对学校名称、培养目标、专业设置、学

---

❶ 宣振宇.借鉴德国职教理念，发展我国职业教育[J].职业技术教育研究，2006（10）：53-54.
❷ 石伟平.中国职业教育发展报告2011[M].上海：华东师范大学出版社，2013：35.
❸ 李继延.中外职业教育体系建设与制度改革比较研究[M].上海：复旦大学出版社，2014：46.

制长短、办学条件、经费来源、教师资格、教师进修、考试办法、管理制度等方面都做了明确而具体的规定和要求，而且配套建立了监督系统，其中包括立法监督、司法监督、行政监督、社会监督等。这一完善管理体系为职业教育体系的管理以及促进职业教育体系健康有序的发展奠定了法律基础。❶

最后，从德国职业教育的经费投入来看，德国采用"双元制"职业教育模式，其职业教育经费主要来自政府和企业。政府主要包括联邦政府、各州和地方政府提供，其中联邦政府只提供少量经费，其余主要由各州和地方政府提供，它们主要承担职业学校的硬件建设费用和教师工资。企业作为办学主体，承担了大量的职教经费，它们主要承担学徒的各种培训费用。按照职业教育法及其他法律的规定，联邦政府、州政府及企业分别承担的经费比例大约是17%、15.5%和67.5%。❷可见，德国职业教育经费企业投入是占了很大的比重。

2.美国

美国高中阶段的职业教育主要由综合高中承担。综合高中开展三种教育：普通教育、学术教育和职业教育。普通教育为全体中学生提供，学术教育为准备升学的学生提供，职业教育为准备就业的学生提供。综合中学也都设有实习车间和实习场所，为职业科的学生提供实际操作技能的学习场地。除了综合中学，美国还有一些职业高中和地区性的职业教育中心提供职业教育。据统计，美国至少有11000所高中提供常见的职业课程计划中的一种，包括综合高中9500所、职业高中1000所、地区性的职业教育中心或职业学校800所。与综合高中相比，后两类教育机构提供的职业课程教学质量更高，因为它们能提供更大范围和更专业的技能训练，同时拥有更适合的教学设施和教学设备。❸

首先，从美国职业教育的管理体制来看，美国是典型的分权制国家，教育

---

❶ 李继延.中外职业教育体系建设与制度改革比较研究[M].上海：复旦大学出版社，2014：43.
❷ 张杰.公共产品供给视域下的中外中等职业教育比较研究[D].成都：电子科技大学，2007：25.
❸ 张杰.公共产品供给视域下的中外中等职业教育比较研究[D].成都：电子科技大学，2007：12.

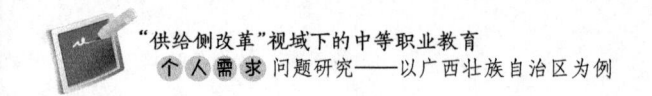

权属州政府和地方教育局。因此，美国的职业教育也是实行州政府和地方政府分级管理，并以地方为主的管理体制。美国有些州成立了职业技术教育委员会或类似机构，作为州政府的职业教育管理部门，直接管理、统筹、协调和规划本州职业技术教育。其他一些州的职业技术教育大多归高等教育委员会管理，由高等教育委员会直接实施对本州的职业教育的各项管理工作。

其次，从美国职业教育的政策制定来看，美国也是世界职业教育最发达的国家之一，它颁布的职业教育法律也相当丰富，其中一些经典的职业教育法律在推动美国职业教育发展中起到了重要作用。1862年，美国国会通过了《莫雷尔法案》，该法案的颁布是美国立法支持职业教育的滥觞，标志着美国职业教育立法的开始。1917年，美国国会通过了《史密斯—休斯法案》。该法案颁布后，综合中学逐步成为美国中等教育的主要形式，极大地提高了职业教育的地位，在职业教育发展史上具有划时代的意义，从而真正确立了美国职业教育制度。1963年美国国会通过了《职业教育法》，这部职业教育法比以往的法律更加全面和细致，尤其是对职业教育对象的范围进行了扩大，进一步提高了职业教育在国家发展中的重要作用。该法规定，所有社区、所有年龄的公民，甚至包括残障人士等都有机会接受职业训练和再训练。1984年美国颁布了《帕金斯职业教育法案》，开启了美国全民教育之门，确立了职业教育的平等性。2009年颁布的《为明日工作之工人而准备》提出，每个美国人有义务接受至少一年或更多年限的高等教育或职业培训。从以上各个法律看出，美国职业教育发展历程中，职业教育立法的不断完善和加强，对推动美国职业教育发展提供了坚实的法律政策保障。

最后，从美国职业教育的经费投入来看，美国实行12年义务教育，高中阶段的职业教育和普通教育都是免费的，所以美国政府承担主要的教育经费。美国职业教育经费投入模式是联邦、州和地方政府三级政府共同承担教育经费。在历年的国家总体（联邦、州、地方政府）支出比例上，教育居第二位，仅次于国防支出，可见美国在教育上的投入还是占了较大比例。美国职业技术教育的经费主要依靠当地财产税、州政府拨款、联邦政府资助和学生学费，其主要构成为：当地财产税，约占学校收入的45%；州政府拨款，占学校收入的18%~20%；联邦政府资助，约占10%；学生学费占8%~10%（这项主要针对高等职业教育）。❶

3.英国❷

20世纪60年代以前，英国主要以"文法中学""技术中学""现代中学"开展中等教育，其中"文法中学"以培养高等学校学生为目标，"技术中学""现代中学"以实施中等职业技术教育为主。60年代以后，新建立的"综合中学"成为英国中等教育的主体，在"综合中学"中既实施普通教育也实施中等职业教育。80年代后，城市技术学院和继续教育学院成为职业教育的主体。在英国，职业教育主要发生在后义务教育阶段，即16~19岁。19岁以上的年轻人接受的教育一般称为成人教育。承担后义务阶段教育的学校机构属于继续教育部门，即向16岁以上的年轻人提供进一步的学校教育，也就是职业教育。英国16~19岁的青年人所接受的教育中有42%由继续教育体系承担。❸此外，英国的学徒制也是英国开展职业教育的一种主要形式，它主要为16~24岁的年轻人提供一种工作本位的学习。

首先，从英国职业教育的管理体制来看，英国为加强职业教育的管理先后进行了两次大的改革。第一次是1995年英国政府将教育部与劳动部合并，更名为教育与就业部，将原本属于两个部门管理的高技能人才的培养培训任务合并一起，统一管理全国的职业技术教育，并以国家的力量在全国全面推行NVQ（国家资格证书）和GNVQ（普通国家资格证书），取得了显著的成效。1997年，英国政府为进一步促进职业教育与普通教育的平等地位，将原教育部所属的学校课程及评估委员会与国家职业资格委员会合并，此举不但有利于

---

❶ 张杰.公共产品供给视域下的中外中等职业教育比较研究[D].成都：电子科技大学，2007：14.
❷ "一个国家，三种学制"是英国教育体系的特点，英国政府和议会的教育立法主要适用于英格兰和威尔士，所以这里的职业并不包括苏格兰和北爱尔兰。
❸ 石伟平.中国职业教育发展报告2011[M].上海：华东师范大学出版社，2013：46.

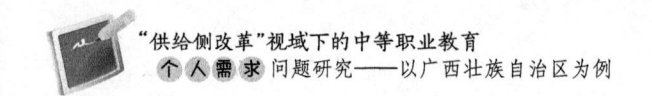

学术教育与职业技能之间的沟通，也得到了本国工商界和学术界的好评。第二次是，2001年6月，英国政府又将教育与就业部更名为教育与技能部，把提高全体英国劳动力技能水平作为发展职业教育的核心，进一步提高了职业教育的地位。❶英国教育历来是重学术，轻技能，目前两部合并，可以看出英国政府极大地提高了对技能型人才重视程度。

其次，从英国职业教育的政策制定来看，在推动职业教育发展和改革中，英国颁布了一些重要的对职业教育有影响的法规。1944年，英国颁布了《1944年教育法》，又称《巴特勒教育法》，该法对各级各类教育进行了重新制定和调整。其中最重要的一点是以法律的形式确定了职业教育在继续教育中的地位，并提出继续教育采取灵活的学制，既可以是全日制也可以是部分时间制，主要的教育对象是结束了义务教育而未能升入继续教育的学生，向他们提供各种体格上或职业上的训练。该法奠定了职业教育成为英国继续教育的重要组成部分。1956年，英国政府发布《技术教育白皮书》，强调要大力发展高等和中等技术教育，并把英国继续教育机构中承担职业教育的机构分为四类：地方学院、区域学院、地区学院、高级工程技术学院，这些学院以地区为基础，结束了技术学院各自为政的长期混乱局面。1983年，政府颁布《技术教育和职业教育推动计划》和《青年培训计划》，为14~18岁的青年引进了专门的技术教育和职业教育成分。1988年，英国政府颁布《教育改革法案》，提出要建立"城市技术学院"，主要招收11~18岁的学生，实施中高职教育，这类学院很好地解决了中高职衔接问题。1991年英国政府发表《21世纪的教育与培训》白皮书，提出应对16~19岁的青年提供高质量的职业教育。以上一系列的职业教育法规为英国职业教育的发展提供了法律保障。

最后，从英国职业教育的经费投入来看，英国是一个典型的中央集权制国家，其财政体制也呈现出中央高度集权的特点，中央财政是主要教育拨款方式，地方政府的教育支出主要依靠中央财政的转移支付。各地区的初等、中等

---

❶ 黄日强.当代职业教育发展研究[M].北京：新华出版社，2006：138.

和继续教育主要由地方教育当局负责。英国每年的教育支出占公共总支出的8.15%，保证了英国政府对教育的一个稳定的经费投入。英国职业教育作为教育体系中的一个重要组成部分，英国的职业教育经费主要以政府投入为主，一般在继续教育机构里进行；而职业技术培训以企业为主要培训基地，以企业投入为主。为此，英国政府建立了继续教育经费理事会，成为继续教育学院经费的主要来源（约占学院经费的4/5）渠道。新的经费机制简单、灵活、高效，既增加了办学经费也提高了办事效率。同时，政府也鼓励企业积极参与职业教育，英国新建立的城市技术学院就是企业赞助的公立职业学校。❶

4. 澳大利亚

澳大利亚的职业教育体系包括中学阶段的职业教育和高等教育阶段（包括本科层次）的职业教育。中学阶段的职业教育主要在国家教育与培训框架体系下，依据行业开发的"培训包"，在中学阶段，面向学生开展职业教育。

首先，从澳大利亚职业教育的管理体制来看，澳大利亚管理体制严格和规范，并在实践中形成了颇具本国特色的管理体制。澳大利亚管理体制表现在：第一，澳大利亚联邦政府主要负责制定教育大政方针，制定证书和文凭的国家标准，确定全国职业教育学历结构体系和质量控制体系。其下设的机构——国家培训总署主要是代理联邦政府管理职业教育，同时对各州、领地的职业教育院校进行相应指导、协调和监督，并负责每年经费划拨。❷第二，国家职业教育与培训研究中心的主要职责是对职业教育的研究和调查统计，它们组建了职业教育研究信息资料库和培训信息服务中心，并定期向政府提供各种信息，包括职业教育机构毕业生就业率和质量信息反馈等报告，它是联邦政府管理职业教育的咨询机构。第三，行业技能委员会是依照国家法律申请注册的非营利机构，虽独立于政府，但受政府监督。每个行业技能委员会都设有董事会和专门委员会，由不同规模企业雇主代表、工会代表、行业协会代表、职业院校和培

---

❶ 黄日强. 当代职业教育发展研究[M]. 北京：新华出版社，2006：153-157.
❷ 潘伟. 澳大利亚职业教育特色及启示[J]. 职业技术教育，2003（3）：34-39.

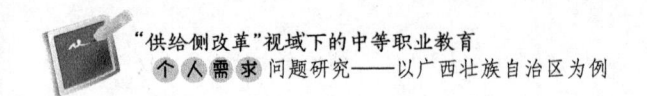

训机构代表等组成。委员会为各个行业职业培训提供行业需求分析，参与制定教学大纲、行业培训计划、培训规范和考核标准，重点开发行业培训包，参与职业教育的办学过程和质量控制等。[1]

其次，从澳大利亚中等职业教育的政策制定来看，澳大利亚非常重视职业教育相关法规的制定、完善和执行，为职业教育管理走上规范化、科学化的道路提供法律保障。1984年，澳大利亚制定了《1894年新南威尔士学徒法案》，这与其1901年修订案共同建立了澳大利亚学徒制的基本框架。1990年，澳大利亚颁布的《培训保障法》规定了企业对职业培训的各种要求。2005年颁布了《用技术武装澳大利亚劳动力法案》，该法案对澳大利亚职业教育与培训的经费投入问题做了详细的规定。2008年颁布了《澳大利亚技能保障法》，该法案目标是在本国建立一个技能保障部，提高民众技能水平。之后澳大利亚又接连颁布了一系列法规，如2010年发布的《澳大利亚未来劳动力开发战略》和《澳大利亚未来职业教育与培训发展方向》等。纵观澳大利亚政府为职业教育发展颁布的各种法规和报告，这都为澳大利亚职业教育发展奠定了坚实的法律基础。

最后，从澳大利亚职业教育的经费投入来看，澳大利亚职业教育的经费来源于政府拨款、企业投资和个人投入等多渠道。政府拨款是由联邦政府和州政府合作负责。中学阶段的职业教育经费主要来源于各州政府拨款。一般公立职业教育学院资金的97%来源于政府，其中联邦政府资金投入占1/3，州政府占2/3，剩余的3%由学校自筹。企业投资也是澳大利亚职业教育经费来源的一个主要渠道，澳大利亚各企业、各行业都将培训看作是自己的社会责任，并视为一种未来投资，认为职业教育与培训既为企业培养了技术工人，也是行业、企业保证持久竞争力的重要方式。一般说来，澳大利亚行业每年用于各种形式的培训费约为25亿澳元，此外还会有一些特殊项目的支持资金。个人学费收缴

---

[1] 李继延.中外职业教育体系建设与制度改革比较研究[M].上海：复旦大学出版社，2014：162-163.

主要针对高等教育阶段的职业教育，中学阶段的职业教育是免费的。

5.日本

日本职业教育历史悠久，目前已形成一个多层次、多类型的完整的职业技术教育体系。日本职业技术教育体系由学校教育、社会教育、企业教育三部分构成，其中学校教育是职业技术教育的基础和核心。日本的初中属于义务教育阶段，以实施普通中等教育为目的。职业教育只是给学生作就业准备，进行某些基本的职业技术知识和技能方面的教育。日本的高中设有三种类型，即普通高中（以普通课程为主）、职业高中（后改名为专业高中，以职业课程为主）和综合高中（既设普通课程又设职业课程），其中职业高中以职业教育为主，综合高中两种兼顾，满足了学生的多样化需求。这三种类型的日本高中的学生将近75%可以升入大学，继续接受高等普通教育或高等职业教育。❶

首先，从日本职业教育的管理体制来看，日本学校形态的职业教育是由文部科学省实行严格的集权管理，没有采取分权制的教育行政管理模式。文部科学省对高中阶段的职业教育和大学阶段的职业教育都进行全面管理，如学校的教学计划、教育标准、教育政策制定、实践学习等。日本企业内的职业训练和公共职业训练是由厚生劳动省所管辖。

其次，从职业教育的政策制定来看，日本也是职业教育法律和法规发展比较完善的国家。1951年，日本国会受美国职业教育的影响，仿效美国颁布的《史密斯—休斯法案》，日本也颁布了《产业教育振兴法》，该法案是第二次世界大战后日本制定的一部比较全面的职业技术教育立法，详细规定了职业技术教育的发展目标、国家职业教育的任务、地方职业教育审议会的组织、权限和责任及国家对职业教育的财政补助等。1958年，日本在《产业教育振兴法》的基础上，颁布了《职业教育法》，正式为职业教育发展奠定了法律基础，并强调了企业是职业教育办学主体之一。1964年，颁布了《学校教育法》，学校

---

❶ 李继延.中外职业教育体系建设与制度改革比较研究[M].上海：复旦大学出版社，2014：145-160.

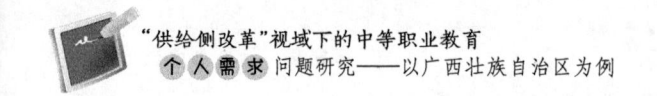

形态的各种职业教育进一步完善。1985年颁布了《职业能力开发促进法》，这部法规是在修改了1958年的《职业训练法》的基础上形成的，对企业提出了构建终身职业训练体系的要求。

最后，从日本职业教育的经费投入来看，日本的职业教育经费来源于政府、企业和个人。日本的职业教育机构分为国立（国家办的）、公立（地方政府办的）、私立（个人或企业办的）。国立职业学校由文部大臣管辖，它的教育经费则依法由国库负担。公立职业学校是由地方政府开办的学校，日本《学校教育法》规定，地方政府必须负担公立学校的办学经费，但各个地区经济发展差异较大，政府制定了补助制度。私立职业学校的经费来源途径较多，主要有学费、政府财政补助、社会捐款和学校事业收入等，每所学校各种收入差异较大，因校而异。

总之，德国、美国、英国、澳大利亚、日本都是职业教育比较发达的国家，它们都强烈地意识到职业教育对本国经济发展的重要推动作用，因此政府出台了很多政策并采取了一系列的措施促使本国职业教育发展。目前，这些国家在高中阶段的职业教育都实行了免费政策，政府承担主要供给责任，对职业教育政策的制定、职业教育的管理、职业教育经费的投入等都有比较完整的规章制度。整体上，各国的职业教育管理都体现了多方参与，分层管理，明确分工的管理体制，一般由地方政府对中等职业教育实行直接管理，并且注重学校职业管理与技能培训的统一协调；其次，完备的职业教育立法是各国职业教育发展最重要的法律保障，这样才使得各个相关利益部门有序和高效地工作；最后，各国的中等职业经费都是以政府投入为主要渠道，并且政府从经费上支持和鼓励企业参与职业教育办学。

（二）各国企业在中等职业教育供给中的责任

职业教育与企业有着天然、紧密的联系，尽管政府对中等职业教育供给承担主要责任，但企业对学生进行职业培训也有不可推卸的社会责任。企业在供给中等职业教育的责任一方面体现在创办职业学校、培养技术人才；另一方面是企业与职业学校合作办学,共同培养技术人才。

下面分别介绍各国在中等职业教育领域中企业所承担的主要办学责任。

从德国来看,德国采用的是"双元制"职业教育模式,它的职业教育办学主体就是双主体,是职业学校和企业共同办学,并以企业为主导。它们受两个主管单位管理,即联邦政府和州文教部;依据两种法律,即职业教育法和学校法。一般职业学校对各个专业都设有专业委员会,由企业代表和学校代表共同构成,它们对学校的招生、教学计划、课程实施、课程设置、实习安排等教学活动全权负责。学生由于既在学校学习理论,又在企业学习技能,因此企业和学校是通过"培训条例"和"框架教学计划"的制定程序来协调教学内容和教学进度。在这一过程中,联邦政府、州政府以及社会合作伙伴等都进行充分地合作与协调,企业与职业学校定期沟通,定期召开联系会,在制订具体的培训计划时企业和学校的有关人士都会被邀请参加。学生在企业实习,企业要按照"培训条例"向学生提供适当的职业训练,其中包括指定专门的师傅,依据"培训框架计划"展开教学,同时企业承担学生培训的各项成本。此外,企业对职业学校的教学条件也有一定的投入。如企业无偿捐赠或直接购买教学设施。据统计,企业用在一名双元制学徒的年平均净成本为8700欧元左右[1]。由此可见,德国的企业对职业培训的参与是处于主导地位,职业学校是处于配合地位。

美国在职业教育领域以"合作教育"而闻名于世,美国企业对职业教育的参与与关注也是非常之高。美国中等职业教育主要在综合中学完成的。政府承办综合中学,企业积极参与学校的职业培训。1994年美国政府签署了《学校到工作》法案,该法案要求各州建立学校到工作的教育体系,体系主要包括三部分,即学校本位学习、工作本位学习和联系活动。该法案推行后,企业参与职业教育的深度和广度都大大增强。但美国与德国不同的是,美国的校企合作

---

[1] BMBF. Gemany's vocational education at a glance[R].Berlin: Federal Ministry of Education and Research (BMBF), 2003: 41.

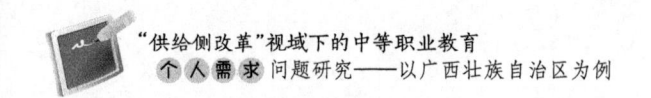

产生于大学的工程技术科学领域，不是产生于中等职业教育领域，而德国的校企合作源于中等职业教育，并可追溯到中世纪的学徒制培训。美国企业参与职业教育是从高等职业教育往中等职业教育逐渐延伸的。目前，美国中等职业教育的校企合作在美国各州都有比较成熟的体系，企业也都积极参与。如，佛罗里达州教育部专门编制了职业学校与企业合作的合作手册，明确阐述了学生、教师、雇主在合作教育中的责任和义务。[1]

美国企业参与职业教育的积极性主要表现在：①为社会公益服务。企业愿意通过参与职业教育改善职业教育的质量，并改善地区经济。②建立和巩固公共关系。许多企业参加"从学校到工作"项目，降低了人力资源的成本，还能节约招聘的费用。③获得潜在的高质量后备劳动力。这相当于企业为自身进行潜在的投资。[2]

英国的企业参与职业教育有着悠远的历史和丰富的实践。首先，在职业教育的国家教育制度设计中，英国企业扮演重要角色。英国政府设计了一个多元主体参与国家职业教育制度设计，其中就业与技能委员会和行业技能委员会是两个重要的机构。英国的就业与技能委员会就是以企业的雇主为主体对国家的各项职业教育政策和系统进行设计。行业技术委员会是以英国各个行业的技术代表为主体，主要对劳动力市场信息、人力资源规划、职业标准和资格鉴定等事项进行管理。其次，英国的企业参与职业院校合作培养人才的全过程。英国的职业教育主要在继续教育学院开展，在实践中，从学校的董事会管理层到学校部门安排以及人才培养的全过程，企业和行业都全程参与并扮演重要角色。如企业和行业定期参加学校相关的重要会议，并参与讨论课程安排、学生实习等；学校的董事会有一半以上是企业和行业的知名代表，他们可以通过董事会议专门提出人才培养的意见和建议，包括听取校长办公汇报和他们自己公司的

---

[1] 石伟平.中国职业教育发展报告2012[M].上海：华东师范大学出版社，2015：230.
[2] 王文槿，林仙福.职业院校校企合作实务[M].北京：海洋出版社，2010：143.

经营状况及人才需求等情况。❶

日本的"产学合作"也是非常成功的职业教育典范。1961年日本颁布的《学校教育法》开启了日本在高中的"产学"合作。该法规定凡在国家指定技能教育机构学习的高中生，其所学课程和学分可视为高中课程和学分的一部分，毕业时发给证书，获得高中文凭。这个法案首次以法律的形式保证了日本定时制高中、函授制高中和企业的合作。合作的主要形式有：双结合、三结合、委托培养、巡回指导、集体入学。这些合作形式基本上都是在定时制高中或函授制高中学习普通课程，在企业接受子夜训练。学生有双重身份，既是高中的学生，又是职业训练机构的受训生。❷整体上看，日本在高中阶段的校企合作灵活，高中和企业共同承认学生所学的课程和学分，学校和企业进行深度合作。

澳大利亚的企业也在国家各种政策和经济资助的推动下积极参与职业教育。澳大利亚主要采取的是"新学徒制"，包括受训生制和学徒制。"新学徒制"实质是以企业为主导的一种培训。企业里的雇主与学徒签订培训合同，这个培训合同要得到相关州和地区的培训局注册与认可。澳大利亚各州和地区有300多所"新学徒制"培训服务中心，帮助培训机构和学徒双方达成培训协议，并且他们的服务是免费的，因为政府会给他们财政资助。❸同时，雇主也要让学徒在培训期间进入职业学校学习，这是一种义务，政府会拨款公共资金保证学徒的学习。

综上所述，各国企业与学校的合作都非常紧密，企业把职业教育或职业培训作为自己的本职责任，也视为企业未来可持续发展的保障。像德国的"双元制"、澳大利亚和英国的"学徒制"都是以企业为主导单位进行校企联合培养，这充分体现了企业的主体地位。其次，企业对于学生的培养也是全程参与，全

---

❶ 石伟平.中国职业教育发展报告2012[M].上海：华东师范大学出版社，2015：214-218.
❷ 石伟平.比较职业技术教育[M].上海：华东师范大学出版社，2001：174.
❸ 明航.校企合作的国际模式比较[J].职教论坛，2010（10）：21-29.

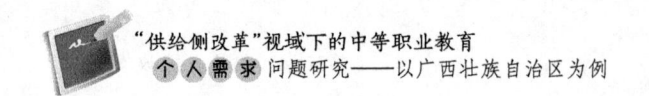

程合作，校企定期沟通，形成了良好的合作机制。

(三) 各国职业教育质量保障体系建设

职业教育发展较好的国家一般都有一套质量保障体系来监管职业教育质量。这套体系管理全面，监督到位，有效地保障了职业教育质量水平并不断地提高职业教育质量，值得我国借鉴。

1.德国

德国对职业教育质量保障非常重视，目前实行的是两级制的鉴定体系，包括鉴定和认证。鉴定是指认证机构（一般为私立机构）必须得到国家机构的鉴定，并且认证机构的鉴定不是永久性的，三年需要鉴定一次。此外，认证机构的质量保障和质量开发体系每年必须接受国家的检查。❶德国为此成立了一个鉴定委员会，起草鉴定和认证程序的修改意见，并定期向国家提供各种信息，这就保证了认证机构的质量标准。

认证是指德国的职业教育机构及其培训课程必须向认证机构申请资格和课程认证。从2004年7月开始，德国规定职业教育机构就必须设有内部的质量管理体系，并且必须定期接受来自某一认证机构按一定质量标准的评估。❷这个评估标准一般是由联邦经济及劳动部制定的。职业教育机构根据自己的需要可以申请全国性的认证，也可以申请特定教育或经济领域中培训活动认证。每所职业教育机构必须满足一系列具体规定，并证明自己有足够的经济能力和教育能力，才能通过认证程序。如帮助受训者就业的能力；教师和培训师的职业资格、专业经验；培训机构的质量开发体系等。培训机构还必须表明他们满足得到公共资金所必须达到的培训课程的认证标准，如受训群体的先决条件；受训者的就业前景；学习工程的组织等。认证机构要决定哪些职业教育机构可以获得认证，对没获得认证的职业教育机构给予三个月的时间来改进。如果仍不能达标，申请就被拒绝；如果获得了认证，就会颁发证书，职业教育机构可以把

---

❶ 石伟平.中国职业教育发展报告2011[M].上海：华东师范大学出版社，2013：43-44.
❷ 石伟平.中国职业教育发展报告2011[M].上海：华东师范大学出版社，2013：41.

它当作是质量的标签用于营销活动。可见，认证和鉴定两级质量监管对德国的职业教育质量起到了很大的监督和保证作用。

2.英国

英国的职业教育质量保障主要体现在两个方面，一是对办学机构的审查；二是对颁证机构的严格要求。英国的继续教育学院是英国一种最主要的职业教育办学机构，它的目标就是为行业或企业提供合格的预备劳动者。英国政府设立了独立的教育督查机构，即"教育标准办公室"（ofstead），它独立于英国教育部，皇家总督学作为该机构的负责人。这个教育机构每年公开出版对各类学校教育机构的质量评估报告。这对职业学校的办学质量进行了有力的鞭策和监督。

在英国的教育市场中，有很多"非官方"的颁证机构，它们从事各级各类职业证书的开发与授予业务。这些机构首先要获得官方的认可才可以在市场上工作。这些颁证机构对每一种资格均要确立相应的"规格"，这些规格是针对办学机构而言，并且它们要向办学机构提出明确的"规格"要求，只有办学机构培养出来的学生符合了这些"规格"，才能获得颁证机构颁发的相应资格。这些颁证机构一般会为合作院校指派一名"标准审核员"，合作院校一般也会在自己的学校任命一个"内部审核员"和质量负责人，他们和"标准审核员"共同商讨如何迎接质量审查并通过审查等工作。颁证机构的"标准审核员"与院校的"内部审核员"必须熟悉质量标准机构设置及其他相关事项。正是由于英国这些颁证机构有严格的审查程序以及内部质量保障机制，所以他们为院校颁发的资格证书是一种"标准化"的资格凭证，保证了每位学生的培养质量。

3.澳大利亚

澳大利亚职业教育质量管理实行三级管理（见图5-1）。第一级是国家质量委员会的管理；第二级是各州和领地的注册/课程认证机构的管理；第三级是职业院校对职业教育质量的管理。同时，澳大利亚对质量的监管还设有两个

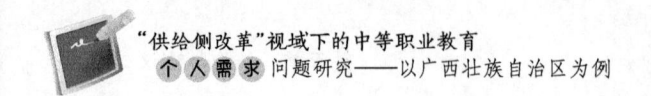

辅助机构：一个是行业对课程质量实施监督和评价；另一个是第三方中介机构，为政府客观地提供了所有学校的教育质量信息。

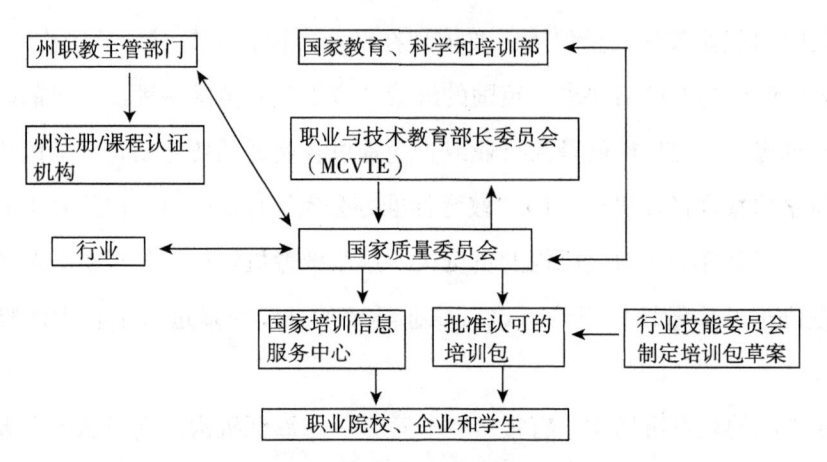

图5-1　澳大利亚质量管理的基本关系图[1]

第一，国家质量委员会是职业教育质量管理的最高机构，它是澳大利亚部长委员会下设的一个组织，独立于国家最高教育行政部门——教育科学培训部（DEST），它主要负责整个职业教育的宏观质量监控和质量管理。第二，州和领地的注册/课程认证机构是职业教育管理的执行机构，它是国家质量委员会和职业院校之间的纽带，并代表DEST负责管理职业教育的办学过程。第三，职业院校是职业教育质量管理的主体机构，它有一套与注册培训机构标准相对应的质量实施细则和管理规范，并每5年接受各州和领地的注册/课程认证机构对职业院校的水平评估，即外部评估。同时每所职业院校配有一名内部评估人，按照国家的标准负责学校内部评估。[2]第四，行业是职业教育质量监督和评价主体。澳大利亚各行业对教学质量和课程开发都实施监督和评价。所有实施质量管理的机构都有行业充当主要成员，所以在澳大利亚行业是职业教育质

---

[1] 吕红，石伟平.澳大利亚职业教育质量保障体系探究[J].外国教育研究，2009（1）：85-91.
[2] 吕红，石伟平.澳大利亚职业教育质量保障体系探究[J].外国教育研究，2009（1）：85-91.

量的监督和评价主体。第五，澳大利亚还会把学校的一些评估工作交给中介机构。教育评估机构是独立于政府之外的民间中介机构组织。它对学校进行评估，相对更加客观、高效。政府能迅速得到所有学校的教育质量信息，提高了办事效率。可见，澳大利亚的职业教育质量管理形成了一套完整的管理体系，分级管理，多方参与，权责分明，有力地保障了澳大利亚的职业教育质量的水平。

总之，德国、美国、英国、澳大利亚、日本都是职业教育比较发达的国家，这些国家的中等职业教育都已免费。从政府供给中等职业教育的责任来看，主要表现在三个方面：首先，各国的职业教育管理都体现了多方参与，分层管理，明确分工的管理体制，一般由地方政府对中等职业教育实行直接管理，并且注重学校职业管理与技能培训的统一协调；其次，各国都逐步形成了完备的职业教育立法为各国职业教育发展提供法律保障，使各个相关利益部门能有序和高效地工作；最后，各国的中等职业教育经费都以政府投入为主要渠道，并且政府对企业举办职业教育和培训有较多的经费支持，以鼓励企业参与职业教育办学。从企业供给中等职业教育的责任来看，企业把职业教育或职业培训作为自己的本职责任，也视为企业未来可持续发展的保障。企业积极参与职业学校培养人才的使命，对于学生的培养是全程参与，全程合作，校企定期沟通，形成了良好的合作机制。从职业教育质量保障体系建设来看，各国的职业教育质量体系健全，质量监管全面，为职业教育质量保障奠定了基础。

三、政策建议

基于研究结论和发达国家发展中等职业教育的共同经验，本研究从"供给侧"角度提出增强中等职业教育需求的建议。

（一）政府：加强顶层设计，探索多样化供给

中等职业教育供给主要责任者应是政府，企业作为中等职业教育供给的有力补充，主要提供一些满足学生差异需求的职业学校，职教集团是我国职业教

育办学的主要发展方向。由此可以看出,政府供给方式和多主体供给方式是我国职业教育的主要供给方式,在这两种供给方式中,政府都起着主要的引导作用。联合国教科文组织(UNESCO)也认为,政府对职业教育负有不可推卸的主要责任,包括提供法律框架和主导各方利益的工作。[1]因此,政府在中等职业教育的改革中扮演主体角色,承担主要责任。只有政府从全局培育了中等职业教育发展的良好土壤,企业、行业、学校和学生个人才能更好地茁壮成长,发挥力量,共同促进职业教育发展。针对我国目前中等职业教育发展的状况,政府一方面应加强顶层设计,做好统筹规划,为职业教育发展营造良好的制度环境;另一方面应积极探索多样化职业教育供给方式,释放民间资本,提高供给效率。

1.加强顶层设计,做好职业教育发展的"总设计师"

政府应加强顶层设计,为职业教育发展营造良好的环境,做好职业教育发展的"总设计师"。

第一,完善职业教育法规建设。德国、美国、英国、澳大利亚、日本都是通过完备的职业教育法律框架来规范职业教育的各种管理和明确政府、企业、行业、学校的权利、责任和义务。如德国从宏观到中观、微观都有一系列的法规保障;美国的职业教育法数量多、更新快、涉及范围广、影响力大;日本的各种职业教育法规种类齐全、操作性强,而且实施有力,在规模、效益、层次等方面都走到了世界前列。相比之下,我国职业教育法律建设比较薄弱,国家级的职业教育法律只有颁布于1996年5月的《中华人民共和国职业教育法》(以下简称《职业教育法》),该法强制性不足,缺乏实施细则,很多规定无法落实。如《职业教育法》第6条规定,"行业组织和企业、事业组织应当依法履行实施职业教育的义务。"第19条规定,"政府主管部门、行业组织应当举办或者联合举办职业学校、职业培训机构,组织、协调、指导本行业的企业、事业组织举办职业学校、职业培训机构,等等。这些规定都显得过于笼统,没有具体执行办法和经费标准,因此在实践中也是执行不力,影响职业教育发展。

---

[1] 和震.联合国教科文组织的职业教育政策研究[J].中国职业技术教育,2012(6):23-29.

鉴于此，目前我国应尽快完善《职业教育法》。2008年我国启动了《职业教育法》修订工作，到2016年年初已基本形成《中华人民共和国职业教育法修正案（草案）》，但目前还没有正式公布。职业教育法立法工作是一项长期工作，根据本国的经济发展需要不断调整和修订相关的法律和法规。尤其值得注意的是，把以前《职业教育法》中原则性意见改为强制性意见，特别要强制规定企业、行业在职业教育中所应承担的社会责任，并进一步明确相关部门的职责；理顺职业教育内部的管理体制；明确职业教育经费的来源和分配比例等。其次，制定相关法律法规的实施细则，针对现有法规条款弹性较大，可操作性不强，应制定配套的行业法、部门法、校企合作法、职业教育质量监督法等，使得《职业教育法》不再成为"空中楼阁"。

第二，改变我国中等职业教育多头管理的局面。1996年《职业教育法》第11条规定，国务院教育行政部门、劳动行政部门和其他有关部门在国务院规定的职责范围内，分别负责有关的职业教育工作。这是《职业教育法》规定的总原则，在实践中，中等职业教育具体的管理格局是，中等专业学校、职业高中、成人中专归教育部门主管，由政府部门和企业主办；技工学校归劳动部门主管，由部门、企业主办。这表明中等职业教育有两个主管部门，这种条块分割、部门分割、人才培养与就业分割的管理体制阻碍了我国职业教育的发展。此外，劳动保障部门、行业协会等与教育部门也缺乏很好的沟通衔接，教育、就业与培训呈现出明显的多头管理、职能交叉的现象，这都不利于职业教育的统筹决策和管理。

英国的职业教育管理也曾出现过多头管理的混乱局面，英国政府为此进行了两次大的改革，第一次是1995年英国政府将教育部与劳动部合并，更名为教育与就业部，将原本属于两个部门管理的高技能人才的培养培训任务合并一起，统一管理全国的职业技术教育，取消多头管理职业教育的局面。第二次是2001年6月，英国政府为进一步表明政府对于技术教育的重视，又将教育与就业部更名为教育与技能部，把提高全体英国劳动力技能水平作为发展职业教育的核心，提高了职业教育的整体社会地位。目前，我国一些省份也开始尝试对职业教育管理体制进行调整，如上海和新疆，劳动保障部门不再直接管理技工学校，由教育部门统筹管理各类职业学校。❶因此，建议各省份由教育厅下属的职成处管理各省份的中等职业教育，技工学校不再由劳动部门管理。各省份教育厅职成处对本省的职业教育统筹管理，从区域经济和社会发展的高度对本省中等职业教育的布局、专业结构、课程设置、实习安排等全面管理。对超容量办学、重复办学、规模小、专业全、投资大、效益低、发展难的职业学校，可通过合并、重组、改造、联办、共建和划转等多种形式进行总体规划，合理安排学校布局。同时，对于中等职业教育的管理要积极吸收行业和企业的代表参加，并形成一种合作机制，权衡各方利益，共同促进中等职业教育发展。

　　第三，加大政府对职业教育的投入，经费主要用于两个方面：一方面改善职业教育办学条件；另一方面给予企业经济补助，提高企业参与职业教育培养人才的积极性。世界银行早在1988年就指出，发展中国家职业教育生均成本通常比普通中学生均成本要高153%。有些研究甚至认为好的职业教育生均经费的投入应是普通中学的7倍。据江苏省测算一般情况下职业教育生均成本应该是同级普通教育的2.6倍。❷而我国的现实是，2010年中等职业教育生均预算内教育事业费为4843元，普通高中为4510元；中等职业教育生均预算内教育公用经费为1468元，普通高中为1072元。整体上看，中等职业教育投入不足，远远达不到它与普通高中应有的经费比例。所以，政府要继续加大对中等职业教育的投入，提高生均经费拨款标准，不断改善中等职业教育的办学条件，吸引更多的学生选择职业教育。

　　此外，政府也应通过各种经济手段吸引企业和行业参与职业教育办学，给予企业一定的税收优惠。如德国联邦政府对凡是增加或扩充学习位置的企业，

---

❶ 教育大国的崛起（四）：教育体制改革的重要探索[EB/OL]．(2010-11-2)[2015-12-12]. http://syxx.nhjyw.com/newsInfo.aspx?pkId=1381.

❷ 冉云芳.中等职业教育生均经费投入现状分析与对策——基于2000~2010年数据的实证研究[J].教育发展研究，2013（1）：60-66.

由联邦政府提供相应的培训补贴金；行会和各州政府也有制定对企业的补贴政策，内容具体，操作性强，并且对于企业和学徒的利益均有保障；美国对参与职业教育企业既给予直接的经济补助（如课税免除）也有间接的支持性政策（如减少企业参与管理学生的责任）；澳大利亚政府通过一系列奖励和表彰鼓励企业参与职业教育办学，澳大利亚设有国家培训奖、技能衔接资金、国家劳动力发展资金、重要技能投资基金等项目[1]都对企业参与起到了积极促进作用。

目前，我国对参与职业教育办学企业主要采取的措施是税收减免政策。主要政策有《财政部、国家税务总局关于企业支付学生实习报酬有关所得税政策问题的通知》和《中华人民共和国企业所得税法实施条例》。这两个文件可以看出，我国政府对企业举办职业的减税政策不完善、规定不具体、优惠力度不高，对企业吸引力不强。鉴于国外的经验和我国的现实情况，一方面，国家应尽快改革相关政策，提高税收减免政策的门槛，并扩大税收减免政策的范围，这样才能吸引企业参与办学；另一方面，国家应采取直接的资金补助或奖励政策，保证企业和学生双方的利益，调动企业参与办学积极性。

2.探索多样化供给，提高供给效率

公共产品理论告诉我们，公共产品的供给与生产是可以分开的。政府要提供某种产品或服务并非一定意味着必须由政府来生产该产品和服务。[2]因此，作为中等职业教育的主要供给者——政府，完全可以通过多种合作形式交于企业或行业等"生产"学校，共同合作，形成多元供给的局面，既可以减轻政府的财政负担，也可以提高供给效率。

首先，政府加强与企业合作，共同举办中等职业学校。政府作为公共产品的天然供给者，它掌握整个社会资源，拥有强大的管理权，具有市场供给无法比拟的优势，但同时政府供给也面临困境，如供给低效、无法满足民众的差异需求、寻租问题等。因此，政府应探索多形式与企业合作办学，形成以公有制

---

[1] 石伟平.中国职业教育发展报告2012[M].上海：华东师范大学出版社，2015：204-205.
[2] 黄恒学.公共经济学[M].第二版.北京：北京大学出版社，2009：120.

为主导、产权明晰、多种所有制并存的办学体制。在我国中等职业教育领域，政府与企业合作的形式主要是政府出地，企业出资建校，形成民办院校。据统计资料显示，我国民办中等职业教育规模还是较小，2014年公办在校生数是民办在校生数的9.51倍。这表明企业办学的积极性没有释放出来，除了政府的经济资助较少外，我国民办中等职业教育的产权问题也是影响企业办学的一个困惑。只有明确民办学校产权主体、清晰产权边界，企业才有积极性举办中等职业学校。政府应明确，企业如出资办学，举办权属于举办者，即"谁投资、谁举办、谁拥有、谁受益"。民办学校是谁初始投入举办的，学校的初始产权就属于谁，而且在没有变更的前提下，学校也应属于该投入举办人。经举办者精心经营、艰苦奋斗，并由此学校声誉和绩效吸引来的捐资、政策优惠带来的节省和办学结余，以及由此滚动增值发展带来的资金，以致规模扩大或负债的资金，均应属于该学校资产。也就是说，在该校存续期间，现有资产都处于学校这一法人机构，而这机构又是属于最初原始的投入举办者，这是不能更改的法律大原则。只有给民办学校一个明晰的产权边界，企业才会有积极性参与办学。

其次，政府应加大力度推进职教集团发展。职教集团是职业教育领域一种多元主体的办学模式，同发达国家多元主体办学相比，目前发展还相对缓慢，尤其在广西更是处于职教集团发展的初期阶段。鉴于此，一是政府应提高推进职教集团办学的意识。职教集团的成功发展政府应起主要作用，因为职教集团涉及群体多，需要相关的法律、制度的大力支持，而只有政府才拥有这样的资源来进行整合。笔者在广西地区调研，教育厅职成处某副处长表示，广西职教集团发展相对落后，政府对组建职教集团的意识不强，并没有成立专门的工作小组负责职教集团的成立和监管工作，所以很多职教集团都是虚设的。因此，政府应加强组建职教集团的意识。二是政府应当好主导者与牵头人，协调并理顺各利益相关者间的关系和利益冲突，建立完整的规则体系，以相关法律法规为保障，调动社会各利益相关方，引入市场机制，整合资源，联合行业企业，实现优势互补、互利互赢；同时履行监督职能，对职教集团的准入、退出、质量评价等进行严格把关。

（二）企业：积极参与办学，履行社会责任

职业教育的良好发展离不开企业的大力支持和积极参与。企业参与职业教育需要从三方面下手：一是鼓励；二是激励；三是社会责任。前两个方面是政府应该做的，而第三个方面是企业应该做的，企业也要积极参与职业教育办学，履行一定的社会责任。

首先，企业应增强履行职业教育的社会责任。霍德华·博文被称为"企业社会责任之父"，1953年，在其著作《商人的社会责任》中提出商人社会责任的最初定义，即"商人有义务按照社会所期望的目标和价值，来制定政策、进行决策或采取某些行动"。这个定义正式提出了企业及其经营者必须承担社会责任的观点。[1]

我国企业社会责任整体上处于初期发展阶段，企业对职业教育的社会责任感也比较淡薄。有学者对我国500强企业中的110家参与职业教育的社会责任状况报告进行调查发现："企业履行职业教育的社会责任主体意识不突出，有待增强。一些企业的社会责任报告编撰缺乏统一标准，没有将开展职业教育的情况纳入社会责任报告。"[2]而国外的很多企业都拥有开展职业教育的悠久历史，如德国企业和行业已把开展职业教育内化为自己的天职，确立了"职业培训是经济界的自主责任"原则[3]；美国、英国、澳大利亚、日本等国的企业也都认为参与职业教育既是一种公益行为，也是为了企业未来的发展。因此，我国企业也应不断增强服务职业教育的社会责任感，为职业教育的发展贡献一份力量。

其次，企业应在政府的支持下积极举办民办中等职业学校，并以满足学生的差异需求为主。民办学校一般主要依靠学费来维持发展，而中等职业教育自

---

[1] 周梁.论企业在职业教育中的社会责任[J].教育与职业，2011（29）：17.

[2] 徐珍珍，刘晓.500强企业参与职业教育的社会责任调查—基于我国110家500强企业社会责任报告的面上分析[J].职教论坛，2015（3）：55-59.

[3] GREINERT, WOLF-DIETRICH. The german system of vocational education: history, organization, prospects[M]. Baden-Baden: Nomos Verl.-Ges., 1994: 28.

2009年开始实施免费政策后，民办中等职业学校也被迫实行免费。尽管国家给每个中职生有学费补贴，但民办中职学校依然感到资金紧张，维持运转有困难。所以，民办中职学校应以满足学生的差异需求为主，弥补公办学校之不足。差异需求主要体现的就是学校的办学特色，如专业特色、学生培养方式特色、民族特色、地域优势带来的特色等，只有这样民办学校才能吸引更多的生源，形成规模或特色效应而为自己学校带来收益。

（三）职校：不断提高质量，满足学生需求

中等职业学校作为办学的直接执行者，它对学校的各项管理和建设负有主要责任。职校的管理者应不断提高办学质量，满足学生需求。

首先，有针对性地提高学校服务质量。如前所述，学生对教育服务需求的项目和学生对教育服务满意的项目之间是有差别的，因此，作为中职学校的管理者一定要把对学生的教育服务摆在首位，只有这样才能更好地通过改进服务质量来吸引生源。其工作步骤如下：

第一，中等职业教育急需提高的服务项目是加大校园环境建设。这项服务是学生高需求度，低满意度项目。这应引起各个学校管理者的注意。本研究在《中职生教育服务满意度》问卷的最后一题是，你认为提高中职教育质量，学校目前最需要做哪些工作？这是一个开放题，笔者大致统计了学生的答案，基本上学生提出的建议都跟校园环境建设有关。有的学生说，住宿条件太差，或学校饮食条件太差，也有的学生反映学校内环境太差，校园小，活动设施不齐全等。进入中职的学生都是初次离开家住校，对于这些还未成年的孩子来说，舒适的居住环境比未来的就业和升学对他们来说更重要，他们更迫切需要一个良好的校园环境。鉴于此，这项服务是中等职业教育重点改进对象。

第二，中等职业教育继续维持的优势项目是学校的专业发展与建设。这项服务是学生高需求度，高满意度项目。前面需求度排序表明专业是学生选择哪所职业学校最需要考虑的一个因素，专业的课程设置、专业的教学形式安排以及未来发展前景，这些都是学生最关注的事情，因为它与就业紧密相关。尽管这个服务项目也是学生满意的项目，但学校不能掉以轻心，应继续做好专业建设工作，并尽可能开设一些新的专业，贴近市场需求，满足学生多样化的需求。在专业发展这项服务中，其中教学形式是学生最不满意的，因此应重点改进专业的教学形式。职业学校的学生，他们的学习特点是注意力集中时间短，喜欢有趣和丰富的教学形式，所以教师应不断改进教学形式，吸引学生的注意力，增加他们的学生兴趣，以提高他们的学习能力和对专业知识的掌握能力。

第三，中等职业学校应尽力改善的服务项目是升学机会、就业条件和实训条件。这三项服务学校要尽力去改善，因为它们也是学生比较需求的服务项目。升学机会中，学生最不满意的是提供本科院校的质量。目前，广西提供最好的本科学校是广西师范大学、桂林理工大学，并且名额比较有限。大概是综合成绩排名前10%~30%才有机会（各个学校的比例不同）。如果能开放更多的大学，提供更多的机会，学生的满意度会大大提高，同时也会吸引更多的学生主动选择职业教育。就业的好坏也是学生需求的一个主要方面，它主要涉及学生职业技能的通过率，顶岗实习的机会，就业的单位和数量。其中就业单位的质量是学生最关注的，学校应尽可能提高就业单位的知名度，就业单位对学生权利的保障，学生才能更安心地学技能。实训条件主要是提高校内的实训场所，它与学生技能的掌握息息相关。学校在统筹资金安排的过程中，要优先考虑实训条件的改善，为学生创造良好的学习环境。

第四，中等职业教育暂缓改进的项目是教师能力、硬件设施和资助政策。这三项服务学生的需求度都较低，排在最后三位，因此学校在资金和精力有限的情况下，可以暂缓改进这几项服务，等其他项目得到改进后，可以再考虑。

其次，建立学校内部的质量管理小组，形成多元评价质量体系。如前所述，德国、英国、澳大利亚等都有一套从国家到学校全面的质量保障体系来监管职业教育质量。如英国的继续教育学院会任命一名负责人为学校"内部审核员"，接受外部中介机构的质量检查，同时监管本校的教育质量；澳大利亚的每所职校一般也配有一名学校内部评估员，他们按照国家标准负责学校评估，

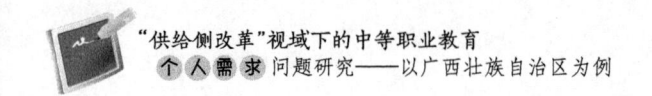

同时针对每一门课程还有相关的质量保障小组，负责审核专业教学材料和鉴定的安排等。因此，我国中等职业学校内部也应建立质量管理小组，一方面配合国家的质量检查和评估，另一方面了解和督促本校的质量的改进和提高。学校成立的质量小组成员应尽可能多元化，有教师代表、学生代表、企业代表、行业代表等，并形成一定的工作制度，这样才能更全面地提高学校教育质量。

四、可能的创新与研究不足

中等职业教育需求不足现状的改善是一项复杂的系统工程，它涉及很多方面的问题，本研究只是一个初步的研究，如果说有什么创新的话，主要有：第一，本研究以新供给经济学理论为基础，从"供给侧"的视角探讨中等职业教育的需求问题，而以往的研究多从"需求侧"的视角探讨中等职业教育需求问题。第二，本研究以交易费用和学生需求满足的情况来比较中等职业教育供给方式的优劣，对中等职业教育供给方式的研究和合理选择做出了更加全面和深入的分析。第三，本研究对中等职业教育供给质量的研究考虑了学生的需求，对比了学生需求质量和学校供给质量的差异，这样可以使学校更有针对性地改进学校供给质量。

但是，限于笔者的研究能力和研究条件，本研究也存在很多不足，首先，本研究没有分析中等职业教育的供给结构。供给结构也是中等职业教育供给侧的主要因素，它主要涉及中等职业教育的社会需求，由于研究条件的限制，所以没能兼顾。其次，本研究以广西壮族自治区为例，研究样本有限，并且中等职业教育发展地区差异较大，东部地区和西部地区发展不均衡，因此，从供给方式和供给质量对中等职业教育需求提出的建议有待进一步检验。最后，从交易费用的角度比较各种供给方式的优劣不够精确和深入，有待以后采取更精细的定量方法来比较各种供给方式。目前的不足将成为学习的动力，会继续深入研究中等职业教育需求问题，力争取得较好的成绩。

参考文献

一、中文文献

（一）著作

[1]范先佐.教育经济学新编[M].北京：人民教育出版社，2010.

[2]范先佐.教育经济学[M].北京：人民教育出版社，1990.

[3]高鸿业.西方经济学：微观部分（第五版）[M].北京：中国人民大学出版社，2012.

[4]张培刚.发展经济学教程[M].北京：经济科学出版社，2001.

[5]萨伊.政治经济学概论[M].陈福生，陈振骅，译.北京：商务印书馆，1963.

[6]柯武刚，史漫飞.制度经济学——社会秩序与公共政策[M].韩朝华，译.北京：商务印书馆，2004.

[7]卢现祥.新制度经济学[M].第二版.北京：北京大学出版社，2012.

[8]贾康，苏京春.新供给经济学[M].太原：山西经济出版社，2015.

[9]贾康.新供给：经济学理论的中国创新[M].北京：中国经济出版社，2018.

[10]贾康，苏京春.供给侧改革（新供给简明读本）[M].北京：中信出版社，2015.

[11]滕泰，范必.供给侧改革[M].北京：东方出版社，2016.

[12]厉以宁，等.解码"供给侧改革"[M].北京：群言出版社，2016.

[13]黄恒学.公共经济学[M].第二版.北京：北京大学出版社，2009.

[14]高培勇.公共经济学[M].第三版.北京：中国人民大学出版社，2012.

[15]斯蒂格利茨.公共部门经济学[M].第三版.郭庆旺，等，译.北京：中国人民大学出版社，2012.

[16]斯蒂格利茨.经济学：上册[M].梁小民，等，译.北京：中国人民大学出版社，2000.

[17] 斯蒂格利茨.社会主义向何处去——经济体制转型的理论与证据[M].周立群,等,译.长春:吉林人民出版社,1998.

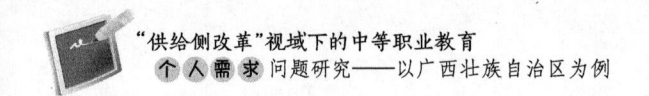

[18] 奥斯特罗姆,等.公共服务的制度建构——都市警察服务的制度结构[M].宋全喜,等,译.上海:上海三联书店,2000.

[19] CARNOY M.教育经济学国际百科全书[M].北京:高等教育出版社,2000.

[20] 刘宇飞.当代西方财政学[M].北京:北京大学出版社,2000.

[21] 王磊.产品供给主体选择与变迁的制度经济学分析——一个理论分析框架及在中国应用[M].北京:经济科学出版社,2009.

[22] 斯密.国民财富的性质和原因的研究:下卷[M].北京:商务印书馆,1997.

[23] 梁学平.中国公共物品的供给研究[M].天津:南开大学出版社,2014.

[24] 阳斌.当代中国公共产品供给机制研究——基于公共治理模式的视角[M].北京:中央编译出版社,2012.

[25] 朱金鹤.中国农村公共产品供给:制度与效率研究[M].北京:中国农业出版社,2009.

[26] 郭瑞萍.我国农村公共产品供给制度研究[M].北京:中国社会科学出版社,2008.

[27] 许莉.中国农村公共产品政府供给研究——基于政府和农民的视角[M].北京:经济管理出版社,2014.

[28] 吴伟.公共物品有效提供的经济学分析[M].北京:经济科学出版社,2008.

[29] 科斯,诺思.财产权和制度变迁[M].上海:三联书店,1994.

[30] 杨克瑞.教育制度经济学引论[M].北京:中国言实出版社,2008.

[31] 李强.社会分层十讲[M].第二版.北京:社会科学文献出版社,2011.

[32] 钟宇平,陆根书.高等教育需求影响因素分析——一个系统分析框架[M].北京:经济日报出版社,2005.

[33] 李蔺田.中国职业技术教育简史[M].北京:北京师范大学出版社,1996.

[34] 秦斌.广西教育发展报告2013年[M].桂林:广西师范大学出版社,2014.

[35] 秦斌.广西教育发展报告2012年[M].桂林:广西师范大学出版社,2013.

[36] 秦斌.广西教育发展报告2011年[M].桂林:广西师范大学出版社,2012.

[37] 孙诚,等.中国职业教育发展报告2012[M].北京:教育科学出版社,2013.

[38] 沈建根.中国职业教育集团化办学发展研究报告[M].杭州:浙江大学出版社,2015.

[39]李红卫.增强职业教育吸引力制度研究[M].北京：光明日报出版社，2012.

[40]沈汉达.中国职业教育魅力建构论[M].上海：上海社会科学院出版社，2011.

[41]周正.谁念职校：个体选择中等职业教育问题研究[M].北京：教育科学出版社，2009.

[42]韩玉志.现代大学管理——以美国大学学生满意度调查为例[M].杭州：浙江大学出版社，2008.

[43]刘慧.基于PLS-SEM的中国高等教育学生满意度测评研究[M].镇江：江苏大学出版社，2012

[44]王灯山.北京高校教育服务学生满意度调查研究[M].北京：中国社会科学出版社，2015.

[45]毕于民.高职学生顶岗实习满意度及其影响因素研究[M].济南：山东人民出版社，2014.

[46]于建嵘.岳村政治——转型期中国社会乡村政治体系的变迁[M].上海：商务印书馆，2001.

[47]张铁明.中国民办教育法制及制度建设[M].广州：广东高等教育出版社，2010.

[48]石伟平.中国职业教育发展报告2011[M].上海：华东师范大学出版社，2013.

[49]石伟平.中国职业教育发展报告2012[M].上海：华东师范大学出版社，2015.

[50]石伟平.比较职业技术教育[M].上海：华东师范大学出版社，2001.

[51]李继延.中外职业教育体系建设与制度改革比较研究[M].上海：复旦大学出版社，2014.

[52]崔海魂.发达国家职业技术教育历史演进[M].上海：上海教育出版社，2008.

[53]贺国庆，等.外国职业教育史：上卷[M].北京：人民教育出版社，2014.

[54]贺国庆，等.外国职业教育史：下卷[M].北京：人民教育出版社，2014.

[55]谢长法.中国职业教育史[M].太原：山西教育出版社，2011.

[56]米靖.中国职业教育史研究[M].上海：上海教育出版社，2009.

[57]黄日强.当代职业教育发展研究[M].北京：新华出版社，2006.

[58]李延平.职业教育公平问题研究[M].北京：教育科学出版社，2009.

[59]王文槿，林仙福.职业院校校企合作实务[M].北京：海洋出版社，2010.

[60]中德合作广西行动学习项目执行办公室.广西职业教育充分发展：理论与实践[M].南宁市：广西人民出版社，2009.

[61]风笑天.社会研究方法[M].第四版.北京：中国人民大学出版社，2013.

[62]庞皓.计量经济学[M].北京：科学出版社，2007.

[63]陈向明.质的研究方法与社会科学研究[M].北京：教育科学出版社，2000.

[64]约翰逊，等.教育研究：定量、定性和混合方法[M].马健生，等，译.重庆：重庆大学出版社，2015.

[65]王孝玲.教育统计学[M].修订版.上海：华东师范大学出版社，2001.

[66]张俊英.学校与企业——校企互动双向介入的理论与实践[M].北京：中国人民大学出版社，2009.

[67]查吉德.高职院校体制机制改革与创新——广州模式[M].广州：暨南大学出版社，2014.

[68]陈莹.论德国职业教育本质特征及其发展动力[M].上海：上海三联书店，2015.

（二）期刊类

[1]姜朝辉.以供给侧改革引领高等教育发展[J].重庆高教研究，2016（1）：123-127.

[2]刘云生.供给侧结构性改革：教育怎么办？[J].教育发展研究，2016（3）：1-7.

[3]吕景全，等.职业教育：供给侧结构性改革[J].中国职业技术教育，2016（9）：15-19.

[4]许红菊，韩冰.以供给侧改革思路提高高职教育吸引力[J].教育与职业，2016（16）：16-20.

[5]姜大源.职业教育：供给与需求辨[J].职业技术教育，2008（4）：4-5.

[6]郭苏华.职业教育的二元需求及其目标差异[J].教育发展研究，2006（7A）：40-44.

[7]陈国良，等.高中阶段普职分流的全球视野[J].教育发展研究，2009（23）：1-7.

[8]陈国良，等.我国中职规模及比例情况[J].教育发展研究，2009（23）：24-25.

[9]陈嵩.我国中等职业教育区域发展水平比较分析[J].职教论坛，2008（21）：4-11.

[10]张昭文.总结推广经验，研究解决问题，积极推动中职招生工作[J].中国职业技术教育，2012（25）：60-68.

[11]宣振宇.借鉴德国职教理念，发展我国职业教育[J].职业技术教育研究，2006（10）：53-54.

[12]中等职业教育招生制度与教学模式改革研究课题组.中等职业教育招生制度与教学模式改革：现状与问题[J].中国职业技术教育，2013（3）：5-19.

[13]石伟平，唐智斌.增强职业教育吸引力：问题与对策[J].教育发展研究，2009（13）：20-24.

[14]高慎森.中职流生问题的原因与对策研究[J].职业教育研究，2011（11）：54-56.

[15]董碧松,郭雅娴.对中国职业教育需求不足的理性审视[J].成人教育,2008(9):7-8.

[16]明航.校企合作的国际模式比较[J].职教论坛,2010(10):21-29.

[17]周正.谁在念职校——中职生现状调查与反思[J].职教论坛,2010(4):50-53.

[18]黄斌,徐彩群,姜晓燕.中国农村初中学生接受中职教育的意愿及其影响因素[J].中国农村经济,2012(4):47-56.

[19]王欢.涉农中等职业教育发展对策探寻——基于对石家庄市中等职业学校学生就读意愿的调查[J].河北大学学报(哲学社会科学版),2012(3):31-37.

[20]陈艳.发达地区职业教育的需求——基于广东省佛山市的分析[J].职业技术教育,2009(21):73-75.

[21]于洪姣.学生选择中职学校原因的实证研究[J].职业技术教育,2010(22):40-43.

[22]沈亚强,刘丽.基于社会分层视角的农民子女职业教育选择分析[J].中国职业技术教育,2013(21):36-43.

[23]余祖光,陈光.增强职业教育吸引力的问题研究[J].中国职业技术教育,2009(34):15-30.

[24]马树超.关注两个"需求",调整职教发展战略[J].教育发展研究,2003(7):6-10.

[25]杨黎明.实现职业教育从"供给驱动"向"需求驱动"的转变[J].中国职业技术教育,2004(28):13-15.

[26]张翌名,等.职业教育分层次办学——从供给驱动到需求驱动[J].中国成人育,2007(4):7-9.

[27]谢革新.中等职业教育发展困境的经济学分析与对策建议[J].教育学术月刊,2009(06):83-85.

[28]刘春生,马振华,张宇.以就业为导向发展职业教育的多学科透视[J].中国职业技术教育,2005(9):20-22.

[29]孙善学.需求是职业教育发展的动力[J].职业技术教育,2012(6):24.

[30]李兰兰.初中学生对高中阶段入学选择实证研究[J].职教论坛,2009(32):8-10.

[31]史耀波,于睿,王书玲.农村中等职业教育需求的影响因素和政策选择[J].未来与发展,2013(6):99-103.

[32]张智敏,唐昌海,姚延芹.影响农村人口职业技术教育需求的因素分析[J].中国农村经

济，2007（3）：21-31.

[33]庄西真.社会结构与个体选择：职业教育发展的双重影响[J].职业技术教育（教科版），2006（1）：15-18.

[34]陈胜祥.中职生源相对减少的经济学分析[J].职教通讯，2005（8）：17-20.

[35]陈胜祥.论中职有偿招生的多环节治理[J].河北师范大学学报（教育科学版），2009（11）：91-95.

[36]陈胜祥，王秋萍.农村中职免费政策对农村初中毕业生教育偏好的影响——以江西省鄱阳县为例的调查研究[J].河北师范大学（教育科学版），2009（3）：88-92.

[37]申家龙.农村职业教育的个人教育成本及其影响分析[J].职业技术教育（教科版），2004（28）：50-52.

[38]冉云芳，王一涛.中职"免补政策"对农村家庭教育需求的影响分析——基于一项跨省区的田野调查[J].职教论坛，2011（6）：33-36.

[39]冉云芳.中等职业教育生均经费投入现状分析与对策——基于2000—2010年数据的实证研究[J].教育发展研究，2013（1）：60-66.

[40]王星霞.中等职业教育免费政策评估研究[J].教育发展研究，2012（17）：25-29.

[41]王蓉.应放缓全面实施中等职业教育免费政策[J].教育与经济，2012（2）：1-6.

[42]赵秋兰.职业教育多元化供给的理论、原则和机制构建[J].教育与职业，2015（21）：5-8.

[43]董仁忠.职业教育供给：在政府与市场之间的选择[J].教育学报，2009（5）：121-128.

[44]董仁忠，刘新学.中职生满意度调查报告——以南宁市若干中职学校267名中职生为样本[J].职业技术教育，2012（1）：34-38.

[45]贺书霞.职业教育供给多元合作模式构建：供给有效性提升研究[J].职业技术教育，2013（19）：9-13.

[46]贾康，苏京春.探析"供给侧"经济学派所经历的两轮"否定之否定"——对"供给侧"学派的评价、学理启示及立足于中国的研讨展望[J].财政研究，2014（8）：2-16.

[47]滕泰.更新供给结构、放松供给约束、解除供给抑制：新供给主义经济学的理论创新[J].世界经济研究，2013（12）.

[48]高卫东.职教集团的内涵、类型与功能[J].职业技术教育，2004（34）：56.

[49]欧阳河，等.学生评价高等教育服务质量实证研究——以湖南高校2008届毕业生满意度

调查为例[J].现代大学教育,2008(5):32.

[50]欧阳河,等.高职院校服务质量实证研究——以我国27个省、市、自治区高职院校应届毕业生抽样调查为例[J].教育研究2007(7):51-58.

[51]田芸,等.国外学生评价高职教育服务质量的现状及启示——以美国、澳大利亚、加拿大、英国为例(一)[J].职教论坛,2011(4):81:85.

[52]袁东敏.学生评价高等职业教育服务质量的国际经验——以美国的SSI和加拿大安大略省的KPI为例[J].现代大学教育,2010(3):71-74.

[53]张燕.澳大利亚高等教育服务质量学生满意度调查分析——以阿德莱德大学学生学习和教学评价为例[J].教育研究,2010(11):31-35.

[54]吕红,石伟平.澳大利亚职业教育质量保障体系探究[J].外国教育研究,2009(1):85-91.

[55]和震.联合国教科文组织的职业教育政策研究[J].中国职业技术教育,2012(6):23-29.

[56]程鹏璠,张勇.关于企业社会责任的研究综述[J].西南科技大学学报(哲社版),2009(1):12-15.

[57]周梁.论企业在职业教育中的社会责任[J].教育与职业,2011(29):17.

[58]徐珍珍,刘晓.500强企业参与职业教育的社会责任调查——基于我国110家500强企业社会责任报告的面上分析[J].职教论坛,2015(3):55-59.

[59]季俊杰.试析教育产品属性与学费定价的关系:以中职教育免费政策为例[J].教育发展研究,2010(3):23-28.

[60]李政.职业教育供给侧结构性改革的现实之需[J].教育发展研究,2016(9):65-70.

[61]任君庆.职业教育供给侧结构性困境的破解之策[J].教育发展研究,2016(9):79-85.

[62]庄西真.职业教育供给侧结构性困境的时代表征[J].教育发展研究,2016(9):71-78.

[63]李燕玲.中国农村公共产品供给新趋势——基于新供给经济学的视角[J].河北学刊,2015(3):139-143.

[64]刘艳磊.我国高等职业教育制度供给效率问题研究——基于新制度经济学的视角[J].西南教育论丛,2012(2):48-50.

[65]贾康,苏京春."供给侧"学派溯源与规律初识[J].全球化,2016(2):5-11.

[66]贾康,苏京春."五维一体化"供给理论与新供给经济学包容性边界[J].财经问题研究,

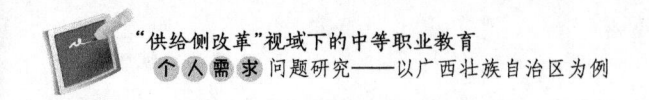

2014（11）：23-29.

[67]贾康.中国需要以改革为核心的新供给经济学[J].地方财政研究，2013（2）：31-38.

[68]滕泰，冯磊.从供给着手重启经济改革[J].经济观察报告，2013（5）：11-17.

[69]郭月梅，蒋勇，武海燕.新供给经济学视角下扩大消费需求的财税政策探讨[J].税务研究，2015（9）：31-39.

[70]李博."供给侧改革"对我国体育产业发展的启示——基于新供给经济学视角[J].武汉体育学院学报，2016（2）：11-17.

[71]周庆元，王全纲.公共产品市场化供给研究——兼论政府职能的转变[J].时代金融，2008（5）：23-28.

[72]朱文文，朱彬彬.我国第三部门在公共产品供给中的阻力与对策分析[J].理论与改革，2006（5）：41-45.

[73]吕恒立.试论公共产品的私人供给[J].天津师范大学学报（社会科学版），2002（6）：11-17.

[74]吕恒立.论公共产品供给的多主体趋势[J].海南大学学报（人文社会科学版），2007（8）：8-13.

[75]乔锦忠.教育供给方式的新变化[J].人民教育，2003（6）：24.

[76]刘智勇，李卫忠.企业视角下的校企合作选择条件研究——基于交易费用的角度[J].职教论坛，2013（7）：12-17.

[77]潘伟.澳大利亚职业教育特色及启示[J].职业技术教育，2003（3）：34-39.

（三）学位论文和报纸

[1]陈福祥.公共性职业教育培训的有效供给——基于制度分析的视角[D].重庆：西南大学，2011.

[2]王婷.中国西部农村教育成本—收益与家庭教育决策的实证研究[D].北京：中国农业科学院，2009.

[3]赵崇铁.农户子女中等职业教育决策行为研究——以福建省为例[D].福州：福建农林大学，2011.

[4]张力跃.我国农村职业教育困境研究——从社会结构和农民对子女职业教育选择的关系视角[D].长春：东北师范大学，2008.

[5]洪彩真.高等教育服务质量与学生满意度研究——以福建、厦门、泉州为例[D].厦门:厦门大学,2007.

[6]吴锦程.农民教育供给制度研究[D].福州:福建农林大学,2011.

[7]笪凤媛.交易费用的测度方法及其在中国的应用研究[D].武汉:华中科技大学,2010.

[8]王椿元.混合产品成本补偿研究[D].大连:东北财经大学,2003.

[9]俞峰.农村社区公共产品的需求意愿和影响因素研究[D].南京:南京农业大学,2009.

[10]翟静丽.个人教育选择研究[D].武汉:华中师范大学,2004.

[11]杨良才.中等职业教育生源困境及对策研究——以某职业中学为例[D].成都:四川师范大学,2011.

[12]莫永生.广西东兰初三学生教育分流研究[D].重庆:西南大学,2012.

[13]张杰.公共产品供给视域下的中外中等职业教育比较研究[D].成都:电子科技大学,2007.

[14]魏慧敏.中等职业教育服务质量现状分析与对策研究——基于学生满意度的调查研究[D].秦皇岛:河北科师范大学,2013.

[15]侯新华.中职教育服务质量认知差异研究——基于在校生与毕业生的调查[D].秦皇岛:河北科师范大学,2014.

[16]杨眉.西部民族地区中等职业教育的供需分析——湖北省恩施土家族苗族自治州来凤县个案分析[D].北京:中央民族大学,2005.

[17]王海燕.广西中等职业教育个人需求影响因素实证研究[D].南宁:广西大学,2003.

[18]彭海霞.农村学生高中阶段普通教育与职业教育选择影响因素研究——基于对湖南L市(县)的调查[D].贵阳:贵州师范大学,2009.

[19]杨永康.农户子女高中阶段教育选择研究——来自江苏和安徽的数据[D].南京:南京农业大学,2009.

[20]高一子.影响经济欠发达地区农村家庭普通高中教育选择因素的经济学分析——以吉林省农村为例的实证研究[D].长春:东北师范大学,2007.

[21]单靖舒.学生选择中职教育的影响因素分析——以锦州市为例[D].上海:上海师范大学,2013.

[22]白娟.城市新移民孩子:家庭社会资本视角下的初中后教育选择[D].上海:华东师范大

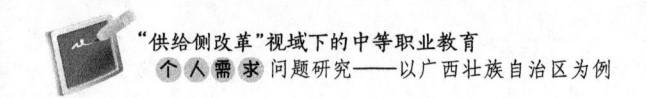

学，2009.

[23]张娟.家庭社会资本影响中职生教育选择的问题研究[D].重庆：西南大学，2008.

[24]刘燕花.农户中等职业教育投资意愿分析——以杨凌示范区为例[D].咸阳：西北农林科技大学，2009.

[25]陈小平.农村青年职业教育选择的经济因素分析——陕西省为例[D].咸阳：西北农林科技大学，2006.

[26]龚海珍.学校因素对农村青少年职业教育选择的影响研究——基于浙江省的实证调查[D].金华：浙江师范大学，2013.

[27]宋涛.福建省级行业型职教集团组建和发展研究[D].福州：福建师范大学，2012.

[28]王伟.我国中等职业技术教育历史发展轨迹透析（1985~2000）[D].上海：华东师范大学，2002.

[29]欧阳靖峰.中等职业教育遭遇尴尬的文化反思[D].天津：天津大学，2011.

[30]王海燕.广西中等职业教育个人需求影响因素实证研究[D].南宁：广西大学，2013.

[31]卜晓军.公共物品市场化供给研究[D].西安：西北大学，2004.

[32]熊贤瑶.西部地区中等职业教育发展的现状与对策——以麻江县为例[D].长沙：湖南师范大学，2010.

[33]许丽丽.新中国成立后我国中等职业教育发展研究[D].长春：东北师范大学，2009.

[34]薛媛.基于国际视野的中等职业教育免费制度研究[D].西安：陕西师范大学，2011.

[35]赵春华.民办职业教育发展研究[D].合肥：安徽大学，2013.

[36]谢湘.上中职成为农村初中生最不情愿的选择[N].中国青年报，2011-05-30（11）.

[37]顾仲阳，左娅.供给侧，怎么看？怎么干？[N].人民日报，2015-12-28.

（四）电子文献类

[1]李克强.李克强谈职业教育：崇尚一技之长，不唯学历凭能力[EB/OL].（2014-07-01）[2015-12-12].http：//edu.dahe.cn/2014/07-01/103084283.html.

[2]习近平.加快发展职业教育，让每个人都有人生出彩的机会[EB/OL].（2014-06-24）[2015-12-12].http：//news.xinhuanet.com/politics/2014-06/24/c_126663097.htm.

[3]鲁昕.我国职业教育改革发展进入黄金时期[EB/OL].（2015-10-25）[2018-10-25].http：//news.xinhuanet.com/local/2015-10/25/c_1116930169.htm.

[4]提高高中阶段国家助学金标准,助力贫困学生成长和技能型人才培养[EB/OL].(2015-03-01)[2015-12-12].http://www.moe.edu.cn/publicfiles/business/htmlfiles/moe/s271/201502/184328.html.

[5]教育大国的崛起(四):教育体制改革的重要探索[EB/OL].(2010-11-02)[2015-12-12]. http://syxx.nhjyw.com/newsInfo.aspx?pkId=1381.

[6]潘晓明.未来5年广西将基本建成14个千亿元产业[EB/OL].(2013-01-22)[2015-12-12]. http://news.gxnews.com.cn/staticpages/20130122/newgx50fe96a1-6836938.shtml

[7]王军伟,张莹.广西:职教攻坚3年投入达75亿元[EB/OL].(2011-11-12)[2015-12-12]. http://www.lzgd.com.cn/news/article_view.ashx?id=704211.

二、外文文献

[1]FOSTER P. The vocational school fallacy in development planning[A].Chicoga:Aldine,1965.

[2]GREINERT,WOLF-DIETRICH. The German system of vocational education:history,organization,prospects[M]. Baden-Baden:Nomos Ver1.-Ges.,1994:28.

[3]MAYER S. What money can't buy:family income and children's life chances[M]. Cambridge:Harvard Press,1997.

[4]WILLIAMSON. The Economic institutions of capitalism[M].New York:The Free Press,1985:20.

[5]SALAMON L M. Partners in public service: the scope and theory of government nonprofit relations [M]//POWELL W W,STEINBERG R.The nonprofit sector: a research handbook. New Haven: Yale University Press, 200.:111-113.

[6]AYPAY A. The tough choice at high school door:an investigation of the factors that lead students to general or vocational schools[J]. International journal of educational development,2003(23):517-527.

[7]KAUPPINEN T M. School as mediators of neighborhood effects on choice between vocational and academic tracks of secondary education in Helsinki[J]. European sociological review,2008(3):379-391.

[8]BUSEMEYER M R,JENSEN C. The impact of economic coordination and educational institutions on individual-level preferences for academic and vocational education[J].Socio-economic

review, 2012 (10)): 525-547.

[9] FREIREA A D, GIANGB HT. The role of family in vocational education and training choices: a case study in Vietnam[J]. International studied in sociologic of education, 2012 (3): 237-257.

[10]SHEA J. Does parent's money matter? [J]. Journal of public economics, 2000 (2): 155-184.

[11]ERIC M. The impact of parental income on early schooling transitions: a re-examination using data over three generations[J].Journal of public economics, 2002 (3): 301-332.

[12]YI, et.al. Exploring the dropout and causes of dropout in upper – secondary technical and vocationl education and training school in China[J]. International journal of educational development, 2015 (42): 115-123.

[13]COASE R. The problem of social cost[J]. Journal of law and economics, 1960 (3): 1-44.

[14] DEMSETZ H. The private production of public goods[J]. Journal of law and economics, 1970 (13): 293-306.

[15]COASE R H. The lighthouse in economics[J].Journal of law and economics, 1974 (17): 357-376.

[16]SAMUELSON P A.The pure theory of public expenditure[J].The review of economics and statistics, 1954, 36 (4): 387-389.

[17]JAMES M.Buchanan. An economic theory of clubs[J]. Economica, 1965 (23): 1-14.

[18]BELFIELD C R, LEVIN H M. Education privatization: causes, consequences and planning implication[R].Paris: UNESCO: International Institute for Educational Planning, 2002: 29-33.

[19]BMBF. Gemany's vocational education at a glance[R].Berlin: Federal Ministry of Education and Research (BMBF), 2003: 41.

[20] DUSTMANN C. Parental background, secondary school track choice, and wages[C].Oxford Econo mic Papers, 2004: 209-230.

[21]MOENJAK T, WORSWICK C. Vocational education in Thailand: a study of choice and returns[J].Economics of educatioh review, 2003 (22): 99-107.

[22]SCHMIDTZ D. Contracts and public goods[J]. Harvard journal of law and public policy, 1987 (10): 475-503.

[23]MATTHIAS P. Initial vocational trainning from company perspective: a comparison of british and german in-house training cultures[J]. Vocationals and learning, 2009 (2): 57-74.

[24]SINGH M.Combining work and learning in the informal economy: implicationas for educationa, training and skills and development[J].International review of education, 2000 (6): 599-620.

附录1　中职生调查问卷

亲爱的同学：

您好！本问卷是了解你们对中等职业教育需求的意愿和对学校服务质量的看法。为了使研究更准确，请您根据自己真实的感受选择确切的答案。本问卷仅供研究使用，且绝对保密，请放心填写。您的意见对研究至关重要，恳请您的配合和支持。谢谢！

广西大学职业教育研究课题组

一、基本信息【请在合适的数字上打"√"或填写数字选项】

1.性别：　①男　　②女

2.所在年级：①一年级　②二年级　③三年级

3.所学专业：＿＿＿＿＿＿＿＿

二、了解你对学校的看法【请在合适的数字上打"√"】

1.中考前，你倾向于读职业学校还是普通高中？

①职业学校②普通高中③不清楚

2.目前，你倾向于读职业学校还是普通高中？

①职业学校②普通高中③不清楚

3.你参加中考了吗？　①参加　②没参加

4.初三时，你的学习成绩上普通高中（非重点高中）有困难吗？

①非常难②比较难③不清楚 ④基本没困难⑤根本没困难

5.如果你学习成绩很好，完全能考上普通高中，你会选择

①职业学校②普通高中③不清楚

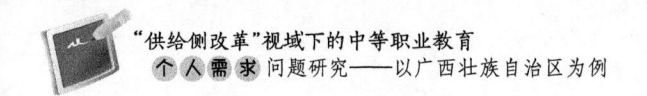

6.你选择上职业学校主要原因？

①学习成绩较差，没考上普通高中，只能上职业学校；②认为自己适合接受职业教育，动手能力较强；③家庭经济支撑上大学有困难，为了尽早就业，减轻家庭经济压力；④职业学校学习压力小，学习任务轻松；⑤职业学校有自己喜欢的专业，并且容易就业；⑥接受职业教育既减免学费、享受补贴，又可以学习技能；⑦通过职业学校考大学，而且竞争不强；⑧父母替我选择的；⑨其他。

三、了解你对学校各项服务的满意度（请根据自己的感受，在右侧合适的空格里打"√"）

序号	题项	非常满意	满意	一般	不满意	很不满意
1	学校的社会评价					
2	校园内环境					
3	校园外周边环境					
4	学校住宿条件					
5	学校饮食及卫生条件					
6	学校体育设施条件					
7	学校多媒体设备					
8	对自己所选专业的前景估计					
9	本专业课程设置的合理性					
10	本专业的所采用教学形式					
11	校内实习实训时间安排					
12	校内实习实训的场所和设备					
13	学校提供顶岗实习的机会					
14	学校职业技能等级考试的通过率					
15	学校推荐就业单位的数量					
16	学校推荐就业单位的质量					
17	学校提供上高职的机会					
18	学校提供上一般本科院校的机会					
19	学校提供上高职学校的质量					

续表

序号	题项	非常满意	满意	一般	不满意	很不满意
20	学校提供上一般本科院校的质量					
21	学校的奖学金政策					
22	学校的助学金政策					
23	教师的教学能力					
24	教师的教学态度					
25	教师指导实习实训的能力					
26	对学校总体的教育服务质量评价					

以上各项学校服务，可以总结为以下8个方面。你在选择中职学校时，最主要看重的因素是哪些？请您按照重要性选出最重要的5个方面，并填写相应的数字序号：

第一重要：____ 第二重要：____ 第三重要：____

第四重要：____ 第五重要：____

①学校的整体环境和社会评价；②学校是否有自己喜欢的专业以及专业未来发展；③学校提供的就业保障；④学校提供的升学机会和质量；⑤学校提供的实习设备和实训安排；⑥学校的奖学金、助学金政策；⑦学校的各种硬件设施（如计算机、实验室、体育器材等）；⑧学校教师的教学能力和教学态度。

补充题：您认为提高学校服务质量，目前最需要做哪些工作？

_____

_____

_____。

问卷到此结束，谢谢您的配合！

附录2　中等职业学校管理人员访谈提纲

1.2009年以来，贵校每年的招生人数是多少？与招生计划相比，完成情况如何？学校采取哪些措施加强招生工作？效果如何？招生目标达成或不达成的具体原因是什么？

2.2009年以来，贵校每年流失的学生人数有多少？学生流失的主要原因是什么？

3.贵校办学特色主要突出在哪些方面？如贵校是公办学校，您认为贵校的优势和劣势是什么？如贵校是民办学校，您认为贵校的优势和劣势又是什么？

4.贵校校企合作开展得如何？校企双方在培养学生方面的责任是如何分工？企业在合作办学中的积极性如何？目前开展校企合作存在哪些问题？应该如何加强校企合作？

5.贵校是否组建或者加入了某个职教集团？您对建设职教集团有什么看法？职教集团对贵校发展有什么帮助？职教集团的内部管理存在哪些问题？应该如何加强职教集团的建设和发展？

6.您认为贵校的学生对学校教育服务质量满意吗？学生最迫切需要改进的教育服务是哪些项目？从学校管理层的角度，您认为提高中职教育质量，学校目前最需要做哪些工作？